■本書の特色と内容

＜特色＞

①本書は，実教出版発行の教科書『管理会計（商業 746)』の準拠問題集として編修しました。
②全商管理会計検定試験の出題範囲・傾向を分析し，的確なまとめと問題を収録しました。
③教科書の章ごとに要点整理，練習問題，確認問題，発展問題を設け，学習内容の理解と定着に役立つように構成しています。

＜内容＞

●要点整理

各章の学習事項を要約し，内容が的確につかめるようにしました。教科書の内容を，問題を解くために必要な知識という観点で再構成し，コンパクトにまとめて掲載しています。また，適宜図や表を用いて説明し，スムーズに理解できるように工夫しています。

●練習問題

教科書掲載問題レベルの問題や穴埋め問題を中心に掲載しています。

●確認問題

学習した内容から，検定出題レベルの問題につなげるための問題を反復して出題しました。

●発展問題

全商管理会計検定試験の過去問をベースとした問題を，項目ごとに分類し出題しました。

◆解答編

別冊。解答に至る過程の説明や注意事項を詳しく示しています。

◆模擬試験問題

全商管理会計検定模擬試験問題（３回分）を，弊社ＷＥＢページからダウンロード可能です。
(https://www.jikkyo.co.jp/)

もくじ

1章 管理会計の意義と目的

▶教科書p.6〜11

●要点整理

1 管理会計の発展経緯

管理会計…財務会計とならぶ企業会計を構成する会計システムの一つで，20 世紀の初めにその萌芽があったとされ，下記のような管理会計の手法が誕生

➡ 科学的管理法，標準原価計算

➡ 企業予算，ＣＶＰ分析，直接原価計算

➡ 品質原価計算，活動基準原価計算，ライフサイクル・コスティング

2 管理会計の目的

管理会計の目的…経営者の意思決定に有用な情報の提供

経営管理活動…計画＋統制，または，戦略，マネジメント・コントロール，タスク・コントロール

3 財務会計と管理会計

●財務会計と管理会計の基本的な相違点

観　点	財務会計	管理会計
情報利用者	企業外部の利害関係者	企業内部の経営管理者
情報のタイプ	過去情報で会計数値が中心	未来情報が中心で，会計数値のほか物量数値も多様
社会的規制との関係	会社法，金融商品取引法，税法などの規制	社会的規制の影響をほとんど受けない
要求情報の特性	正確性，公平性，検証可能性	有用性
情報利用者の行動への影響	中立的	基本的な機能の一部

4 マネジメント・コントロール・システム

マネジメント・コントロール・システム…組織の戦略を実現するために，経営管理者が他の組織構成員の行動に影響をおよぼすシステム

◆練習問題

1－1　次の文の□の中に最も適当な語を記入しなさい。

①　管理会計の基本的な目的は，経営者の［ア］に有用な情報を提供することにある。

②　財務会計情報の利用者は，主として企業外部の利害関係者である。これに対して管理会計情報の利用者は，企業内部の［イ］である。

③　経営管理活動は，意思決定を総合的に表す［ウ］の立案にはじまり，その達成をめざして各種の業務活動を［エ］する，二つの大きなプロセスに分かれる。

④　管理会計で作成される情報は，［オ］情報が中心で，会計数値のほか物量数値も多用される。

⑤　組織の戦略を実現するために，経営管理者が他の組織構成員の行動に影響をおよぼすシステムのことを［カ］という。

ア	イ	ウ
エ	オ	カ

◆確認問題

1－2　次の文の□の中に最も適当な語を記入しなさい。

管理会計は，20世紀初頭に本格的にはじまった。当時は，株式会社制度が定着し，大量生産を行う大規模製造業が増加した時代であった。このようななか，テイラーが提唱した［ア］は，効率的な生産をめざす現場でいかされ，これに呼応して原価計算の分野では，［イ］が考案された。

しばらくすると，国家および公官庁で用いられていた予算が，民間企業にも［ウ］として普及し，これを支援するものとしてCVP分析や直接原価計算といった［エ］の策定に役立つ各種のツールが開発された。

1950年代以降は，近代経済学や経営科学理論を用いた新しい観点からの研究が行われ，［オ］年代にはいると品質原価計算や活動基準原価計算，［カ］など，原価管理の革新につながる各種手法が登場した。

このような管理会計の発展は，産業社会の激しい競争にさらされた企業における経営上の必要からもたらされたもので，管理会計の基本的な目的は一貫して，経営者が経営管理活動を遂行するときに行う［キ］に有用な情報を提供することにある。つまり，計画と統制という二つのプロセスからなる経営［ク］に必要な情報提供にある。

ア	イ	ウ
エ	オ	カ
キ	ク	

2章 管理会計と原価計算

▶教科書p.12～15

●要点整理

1 管理会計と原価計算の関係

原価計算…財務会計（下記表①）だけでなく，管理会計（下記表②～⑤）にとっても必要な情報システム

●原価計算の構造と原価計算の目的との関係

原価計算の構造		原価計算の目的
原価計算制度	実際原価計算制度	①財務諸表に表示する原価の集計 ②価格計算に必要な原価資料の提供
	標準原価計算制度	③経営管理者の原価管理に必要な原価資料の提供 ④予算編成ならびに予算統制に必要な原価資料の提供
特殊原価調査		⑤経営の基本計画の設定に必要な原価資料の提供

2 管理会計に有用な原価情報

コストビヘイビア…営業量または操業度に応じた原価の変動

変動費…営業量の増減によって変動する原価

固定費…営業量の増減に影響を受けず，原価計算期間中に一定額だけ発生する原価

アクティビティ・コスト…製造や販売といった活動を実行することなどにより発生する原価

キャパシティ・コスト…生産設備の減価償却費などのように一定の経営能力を維持するために発生する原価

◆練習問題

2－1 次の文の［　］の中に最も適当な語を記入しなさい。

① 原価計算制度の目的には，財務諸表作成のほか，価格計算，［ ア ］，［ イ ］および原価情報の提供も含まれる。

② 原価計算は構造の面から，原価計算制度（実際原価計算制度・標準原価計算制度）と［ ウ ］とに分けられる。

③ 営業量または操業度の変動に応じる原価態様を［ エ ］という。

④ 営業量の増減によって変動する原価を［ オ ］という。

ア	イ	ウ
エ	オ	

2－2　次の文の［　　］の中に最も適当な語を記入しなさい。

①　営業量の増減に影響を受けず，原価計算期間中に一定額だけ発生する原価を［　ア　］という。

②　変動費と固定費は，それぞれの原価の発生源泉に注目した場合に，［　イ　］とキャパシティ・コストに分類される。

③　原価を管理可能性にもとづき分類した場合，管理可能費と［　ウ　］に区分される。

④　経営管理者の組織や階層上の責任に結びつけて，原価だけでなく，収益や利益に関する情報を収集・分類・集計して，意思決定者に伝達するしくみを［　エ　］という。

ア	イ	ウ
エ		

◆確認問題……………………………………………………………………………………

2－3　次の文の［　　］の中に最も適当な語を記入しなさい。

①　営業量または操業度の変動に応じて原価が変化する態様を［　ア　］という。

②　コストビヘイビアの違いから原価は，営業量の増減によって変動する［　イ　］と，営業量の増減に影響を受けず原価計算期間中に一定額だけ発生する［　ウ　］に分類できる。

③　製造や販売といった活動を源泉として発生する原価を［　エ　］といい，生産設備の減価償却費のように，一定の経営能力を維持するために発生する原価を［　オ　］という。

④　経営管理者の組織や階層上の責任に結びつけて，原価・収益・利益に関する情報を意思決定者に伝達するしくみを［　カ　］という。

⑤　生産設備の減価償却費は，生産設備の購入や取り替えの意思決定ができる立場にある経営管理者にとっては管理［　キ　］であるが，製造現場の経営管理者にとっては管理［　ク　］である。つまり，原価の管理可能性は［　ケ　］の職能や階層によって異なるわけである。

ア	イ	ウ
エ	オ	カ
キ	ク	ケ

3章 標準原価計算

▶教科書p.16〜37

●要点整理

1 標準原価計算の意義と目的

標準原価計算…価格面と物量面のそれぞれにむだや非能率を取り除いた標準数値を用いた原価を計算する原価計算

●原価差異分析の図

直接材料費

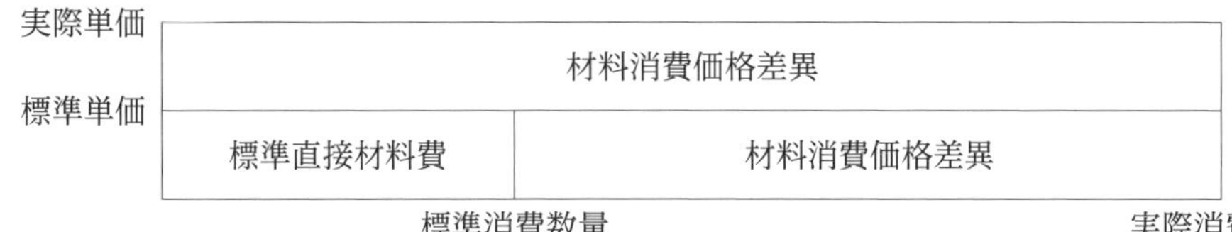

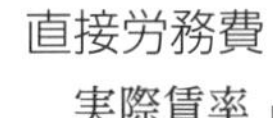

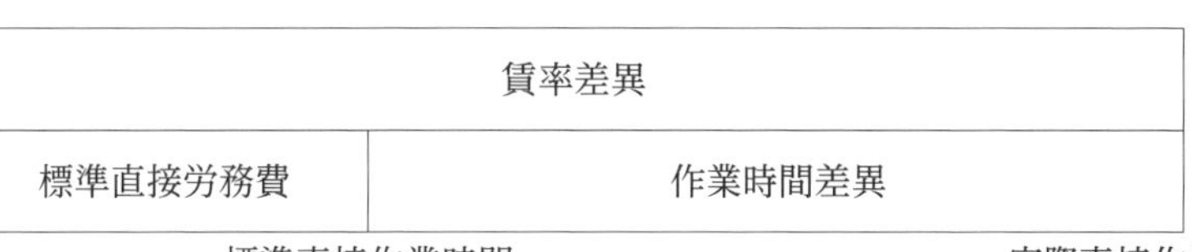

製造間接費

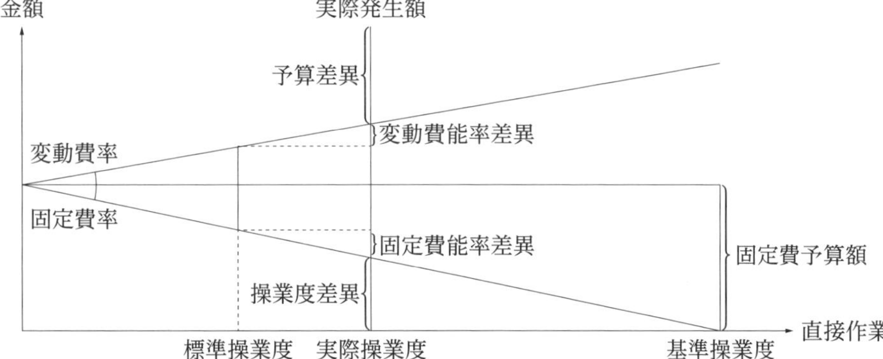

2 標準原価計算の記帳方法

パーシャルプラン…一般的に, 同種製品を大量生産している製造業で採用されている方法で, 仕掛品勘定の借方に各原価要素の実際発生額を記入する

シングルプラン…一般的に, 受注個別生産を行っている小規模な製造業で採用されている方法で, 各原価要素を生産工程に投入する段階で計算が可能で, 仕掛品勘定の借方に各原価要素の標準原価を記入する

修正パーシャルプラン…価格差異と賃率差異は作業現場で改善することができない差異なので, これらの差異を仕掛品勘定から排除した方法で, 直接材料費と直接労務費の消費額については「実際消費数量×標準単価（実際直接作業時間×標準賃率）」で, 製造間接費については実際発生額で仕掛品勘定の借方に記入する方法

◆練習問題

3－1　次の［資料］により，修正パーシャルプランにもとづいて各勘定科目の（　　　）にあてはまる勘定科目と金額を答えなさい。

［資料］

1．標準原価カード

A製品

標準原価カード

	標準単価	標準消費量	金額
直接材料費	¥ 100	20kg	¥2,000
	標準賃率	標準直接作業時間	
直接労務費	¥1,300	1時間	¥1,300
	標準配賦率	標準直接作業時間	
製造間接費	¥1,700	1時間	¥1,700
	製品1個あたりの標準原価		¥5,000

2．当月の生産データ

当月生産量　1,200個（月初，月末ともに仕掛品はなかった）

3．当月の実際発生原価

直接材料費　実際消費数量　24,300kg　　実際単価　¥110

直接労務費　実際直接作業時間　1,220時間　　実際賃率　¥1,280

製造間接費　¥2,150,000

4．製造間接費予算（公式法変動予算）

変動費率　@¥500　　固定費予算額　¥1,500,000　　基準操業度　1,250時間

材料消費価格差異

(　　　)(　　　)	

材料消費数量差異

(　　　)(　　　)	

賃率差異

	(　　　)(　　　)

作業時間差異

(　　　)(　　　)	

仕掛品

材料	(　　　)	製品	(　　　)
賃金	(　　　)	原価差異	(　　　)
製造間接費	(　　　)		
	(　　　)		(　　　)

予算差異

(　　　)(　　　)	

変動費能率差異

(　　　)(　　　)	

固定費能率差異

(　　　)(　　　)	

操業度差異

(　　　)(　　　)	

◆確認問題

3－2 下記の(1)パーシャルプランの場合と(2)修正パーシャルプランの場合を比較し，各勘定の（　　）にあてはまる勘定科目と金額を答えなさい。

(1) パーシャルプランの場合

材料消費価格差異

借方		貸方	
仕掛品	11,000		

材料消費数量差異

借方		貸方	
（　　）	9,000		

賃率差異

借方		貸方	
		（　　）	5,000

作業時間差異

借方		貸方	
（　　）	（　　）		

仕掛品

借方		貸方	
材料	220,000	製品	705,000
賃金	180,000	原価差異	55,000
製造間接費	360,000		
	760,000		760,000

予算差異

借方		貸方	
		仕掛品	10,000

変動費能率差異

借方		貸方	
仕掛品	8,000		

固定費能率差異

借方		貸方	
仕掛品	12,000		

操業度差異

借方		貸方	
（　　）	（　　）		

(2) 修正パーシャルプランの場合

材料消費価格差異

借方		貸方	
（　　）	（　　）		

材料消費数量差異

借方		貸方	
（　　）	（　　）		

賃率差異

借方		貸方	
		（　　）	（　　）

作業時間差異

借方		貸方	
仕掛品	10,000		

仕掛品

借方		貸方	
材料	（　　）	製品	705,000
賃金	（　　）	原価差異	（　　）
製造間接費	（　　）		
	（　　）		（　　）

予算差異

借方		貸方	
		（　　）	（　　）

変動費能率差異

借方		貸方	
（　　）	（　　）		

固定費能率差異

借方		貸方	
（　　）	（　　）		

操業度差異

借方		貸方	
仕掛品	20,000		

●要点整理

3 標準原価計算において仕損が発生する場合の処理

正常仕損費を独立して表示する方法…正味標準原価と正常仕損費を区別して明示し，正味標準原価に正常仕損費を加算して総原価標準を設定する方法で，仕損の発生点に応じて正常仕損費を完成品原価だけでなく月末仕掛品原価にも負担させることや，異常仕損費も把握できる

正常仕損費を独立して表示しない方法…標準消費数量と標準直接作業時間を正常仕損率の分だけ増加させた原価標準を設定する方法で，正常仕損費が自動的に完成品原価と月末仕掛品原価に含まれてしまうため，異常仕損費を把握できない

異常仕損…設定した正常仕損率を超えて発生した仕損

●標準原価計算において，次の［条件］で仕損が発生する場合の原価標準

［条件］

・材料は工程の始点で投入され，正常仕損は工程の終点で発生
・正常仕損率は仕損発生点を通過した良品に対して２％

正常仕損費を独立して表示する方法

A製品

標準原価カード

	標準単価	標準消費量	金額
直接材料費	¥ 100	10kg	¥1,000
	標準賃率	標準直接作業時間	
直接労務費	¥1,000	1時間	¥1,000
	標準配賦率	標準直接作業時間	
製造間接費	¥2,000	1時間	¥2,000
	製品１個あたりの正味標準原価		¥4,000
正常仕損費		¥4,000 × 2％	¥ 80
	製品１個あたりの総標準原価		¥4,080

正常仕損費を独立して表示しない方法

A製品

標準原価カード

	標準単価	標準消費量	金額
直接材料費	¥ 100	10.2kg	¥1,020
	標準賃率	標準直接作業時間	
直接労務費	¥1,000	1.02時間	¥1,020
	標準配賦率	標準直接作業時間	
製造間接費	¥2,000	1.02時間	¥2,040
	製品１個あたりの総標準原価		¥4,080

4 原料配合差異と原料歩留差異

原料配合差異…複数の原料を配合して製造する場合で，各原料の標準配合割合と実際配合割合の差で，以下のように求める

原料配合差異＝(実際投入量にもとづく標準消費数量－実際投入量)×標準単価

原料歩留差異…標準歩留量と実際歩留量の差で，以下のように求める

原料歩留差異＝(標準投入量にもとづく標準消費数量※
－実際投入量にもとづく標準消費数量)×標準単価

※完成品数量÷標準歩留率×標準配合割合

歩留…投入した原料のうち，仕損や減損せずに残った部分

●原価差異分析の図

直接材料費

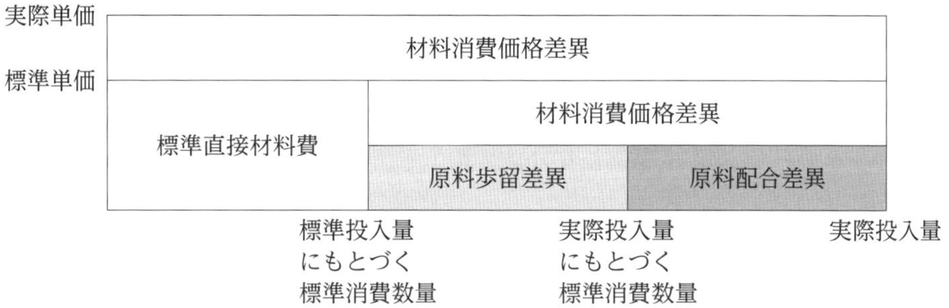

実際単価

標準単価

材料消費価格差異

標準直接材料費

材料消費価格差異

原料歩留差異

原料配合差異

標準投入量にもとづく標準消費数量

実際投入量にもとづく標準消費数量

実際投入量

5 労働ミックス差異と労働歩留差異

労働ミックス…作業員ごとに標準賃率を設定する際の作業員ごとの労働時間割合

労働ミックス差異＝(実際投入量にもとづく標準労働時間※－実際労働時間)×標準賃率

労働歩留差異＝(標準投入量にもとづく標準労働時間
－実際投入量にもとづく標準労働時間※)×標準賃率

※実際労働時間合計×標準労働ミックス

●原価差異分析の図

直接労務費

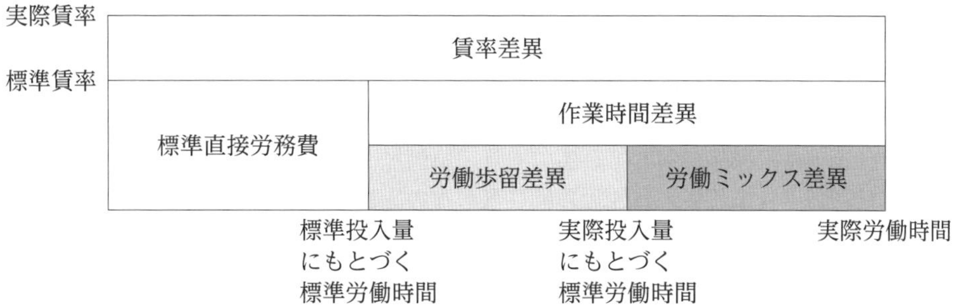

実際賃率

標準賃率

賃率差異

標準直接労務費

作業時間差異

労働歩留差異

労働ミックス差異

標準投入量にもとづく標準労働時間

実際投入量にもとづく標準労働時間

実際労働時間

◆**練習問題**

3－3　次の［資料］により，下記の金額を答えなさい。なお，不利差異の場合は金額の前に△を付すこと。

［資料］

1．標準原価カード

A製品

標準原価カード

	標準単価	標準消費量	金額
直接材料費	¥100	5 kg	¥ 500
	標準賃率	標準直接作業時間	
直接労務費	¥1,000	0.5 時間	¥ 500
	標準配賦率	標準直接作業時間	
製造間接費	¥ 800	0.5 時間	¥ 400
	製品1個あたりの正味標準原価		¥1,400
正常仕損費		¥1,400×5％	¥ 70
	製品1個あたりの総標準原価		¥1,470

2．生産データ

月初仕掛品	260 個	(0.5)
当月投入	1,000 個	
合計	1,260 個	
月末仕掛品	100 個	(0.6)
仕損	60 個	(1.0)
完成品	1,100 個	

(　　) は加工進捗度を示す。

3．実際原価

直接材料費　実際消費数量　5,050kg　　実際単価　¥110

直接労務費　実際直接作業時間　545 時間　　実際賃率　¥1,050

製造間接費　¥444,000

4．製造間接費予算（公式法変動予算）

変動費率　@¥300　　固定費予算額　¥275,000　　基準操業度（月間）　550 時間

5．その他

・材料は工程の始点で投入される。

・仕損（評価額はなし）は工程の終点で発生しており，正常仕損費は完成品のみに負担させる。

・正常仕損率は完成品に対して5％であり，原価標準に明示している。

・異常仕損費（仕損差異）は原価差異に含めない。

完成品原価	円	月末仕掛品原価	円
異常仕損費	円	原価差異総額	円

3－4 次の［資料］により，下記の金額を答えなさい。なお，不利差異の場合は金額の前に△を付すこと。

［資料］

1．標準原価カード

A製品

標準原価カード

	標準単価	標準消費量	金額
直接材料費	¥ 100	5.25kg	¥ 525
	標準賃率	標準直接作業時間	
直接労務費	¥1,000	0.525時間	¥ 525
	標準配賦率	標準直接作業時間	
製造間接費	¥ 800	0.525時間	¥ 420
	製品1個あたりの総標準原価		¥1,470

2．生産データ

月初仕掛品	260個	(0.5)
当月投入	1,000個	
合計	1,260個	
月末仕掛品	100個	(0.6)
仕損	60個	(1.0)
完成品	1,100個	

（　）は加工進捗度を示す。

3．実際原価

直接材料費　実際消費数量　5,050kg　　実際単価　¥110

直接労務費　実際直接作業時間　545時間　　実際賃率　¥1,050

製造間接費　¥444,000

4．製造間接費予算（公式法変動予算）

変動費率　@¥300　　固定費予算額　¥275,000　　基準操業度（月間）　550時間

5．その他

・材料は工程の始点で投入される。

・仕損（評価額はなし）は工程の終点で発生している。

・正常仕損率は完成品に対して5％であり，原価標準は正常仕損分を含んだ標準消費数量，標準直接作業時間で示している。

完成品原価	円	月初仕掛品原価	円
月末仕掛品原価	円	原価差異総額	円

3－5　次の［資料］により，下記の問いに答えなさい。

［資料］

1．製品1個製造するのに必要な標準消費数量と標準単価

	標準消費数量	（標準配合割合）	標準単価
A　原　料	1.5kg	(0.4)	¥500
B　原　料	1.0kg	(0.6)	¥400
	2.5kg	(1.0)	
仕　　損	0.5kg		
完　成　品	2.0kg		

2．標準歩留率　0.8（工程の終点で仕損が発生している）

3．生産データ

当月投入	10,000個
仕　　損	2,200個
完　成　品	7,800個

4．実際投入量

A　原　料	8,910kg
B　原　料	10,890kg
合　　計	19,800kg

問1　A原料の標準投入量にもとづく標準消費数量を答えなさい。

kg

問2　A原料の材料消費数量差異を答えなさい。なお，不利差異の場合は金額の前に△を付すこと。

円

問3　A原料の実際投入量にもとづく標準消費数量を答えなさい。

kg

問4　次の金額を答えなさい。なお，不利差異の場合は金額の前に△を付すこと。

A原料

原料配合差異	円	原料歩留差異	円

B原料

原料配合差異	円	原料歩留差異	円

3－6　次の［資料］により，下記の問いに答えなさい。

［資料］

1．標準データ

	標準労働ミックス	標準賃率
専門スタッフ	0.5（400時間）	¥3,000
サポートスタッフ	0.5（400時間）	¥1,500
	1.0（800時間）	

2．実際データ

	実際労働ミックス	実際賃率
専門スタッフ	0.6（450時間）	¥3,200
サポートスタッフ	0.4（300時間）	¥1,600
	1.0（750時間）	

問1　専門スタッフの賃率差異を答えなさい。なお，不利差異の場合は金額の前に△を付すこと。

円

問2　専門スタッフの作業時間差異を答えなさい。なお，不利差異の場合は金額の前に△を付すこと。

円

問3　実際投入量にもとづく専門スタッフの標準労働時間を答えなさい。

時間

問4　専門スタッフに関する次の金額を答えなさい。なお，不利差異の場合は金額の前に△を付すこと。

労働歩留差異	円	労働ミックス差異	円

問5　サポートスタッフに関する次の金額を答えなさい。なお，不利差異の場合は金額の前に△を付すこと。

賃率差異	円	労働ミックス差異	円
労働歩留差異	円		

◆確認問題

3－7　次の［資料］により，下記の問いに答えなさい。

［資料］

1．標準と予算のデータ

直接材料費の標準単価：*¥1,000*/kg

直接材料費の標準消費数量：10kg/ 個

直接労務費の標準賃率：*¥800*/ 時間

直接労務費の標準直接作業時間：５時間 / 個

製造間接費予算（年間）：*¥14,400,000*

基準操業度（年間）：24,000 時間

（注）製造間接費は直接作業時間にもとづき製品に標準配賦している。

2．生産データ

当月投入	1,190 個	
仕　　損	90 個	
月末仕掛品	100 個	(0.6)
完成品	1,000 個	

（　　）は加工進捗度を示す。

3．実際原価

直接材料費　実際消費数量　11,900kg　　実際単価　*¥1,010*

直接労務費　実際直接作業時間　5,720 時間　　実際賃率　*¥790*

製造間接費　*¥3,444,000*

問１　仕損は工程の終点で発生し，正常仕損率は完成品に対して８％とした場合，正常仕損費を独立して表示する方法により標準原価カードを作成したうえで，下記の金額を計算しなさい。なお，不利差異の場合は金額の前に△を付すこと。

Ｘ製品

標準原価カード

	標準単価	標準消費量	金　額
直接材料費	¥（　　）	（　　）kg	¥（　　）
	標準賃率	標準直接作業時間	
直接労務費	¥（　　）	（　　）時間	¥（　　）
	標準配賦率	標準直接作業時間	
製造間接費	¥（　　）	（　　）時間	¥（　　）
	製品１個あたりの正味標準原価		¥（　　）
正常仕損費	¥（　　）×８％		¥（　　）
	製品１個あたりの総標準原価		¥（　　）

完成品原価	円	月末仕掛品原価	円
異常仕損費	円	原価差異総額	円

問２　仕損は工程の終点で発生し，正常仕損率は完成品に対して８％とした場合，正常仕損費を独立して表示しない方法により標準原価カードを作成したうえで，下記の金額を計算しなさい。なお，不利差異の場合は金額の前に△を付すこと。

X製品

標準原価カード

	標準単価	標準消費量	金額
直接材料費	¥（　　）	（　　）kg	¥（　　）
	標準賃率	標準直接作業時間	
直接労務費	¥（　　）	（　　）時間	¥（　　）
	標準配賦率	標準直接作業時間	
製造間接費	¥（　　）	（　　）時間	¥（　　）
	製品１個あたりの総標準原価		¥（　　）

完成品原価	円	月末仕掛品原価	円
原価差異総額	円		

問３　仕損は工程の始点で発生し，正常仕損率は仕損発生点を通過した良品に対して８％とした場合，正常仕損費を独立して表示する方法により標準原価カードを作成した場合の（　　）にあてはまる金額を答えなさい。

X製品

標準原価カード

〜〜〜〜〜〜〜〜〜〜

正常仕損費	¥（　　）×８％	¥（　　）
	製品１個あたりの総標準原価	¥（　　）

問４　仕損は工程の50％で発生し，正常仕損率は仕損発生点を通過した良品に対して８％とした場合，正常仕損費を独立して表示する方法により標準原価カードを作成した場合の（　　）にあてはまる金額を答えなさい。

X製品

標準原価カード

〜〜〜〜〜〜〜〜〜〜

正常仕損費	¥（　　）×８％	¥（　　）
	製品１個あたりの総標準原価	¥（　　）

3−8　次の［資料］により，下記の金額を答えなさい。なお，不利差異の場合は金額の前に△を付すこと。

［資料］

1．製品1個製造するのに必要な標準消費数量と標準単価

	標準消費数量	（標準配合割合）	標準単価
A　原　料	3.0kg	(0.4)	¥600
B　原　料	2.0kg	(0.6)	¥500
	5.0kg	(1.0)	
仕　　損	0.5kg		
完　成　品	4.5kg		

2．標準歩留率　0.9（工程の終点で仕損が発生している）

3．生産データ

当月投入	11,000個
仕　　損	1,100個
完　成　品	9,900個

4．実際投入量

A　原　料	18,772kg
B　原　料	30,628kg
合　　計	49,400kg

A原料

原料配合差異	円	原料歩留差異	円

B原料

原料配合差異	円	原料歩留差異	円

3−9　次の［資料］により，下記の金額を答えなさい。なお，不利差異の場合は金額の前に△を付すこと。

［資料］

1．標準データ

	標準労働ミックス	標準賃率
専門スタッフ	0.5(300時間)	¥2,000
サポートスタッフ	0.5(300時間)	¥1,000
	1.0(600時間)	

2．実際データ

	実際労働ミックス	実際賃率
専門スタッフ	0.4(252時間)	¥2,200
サポートスタッフ	0.6(378時間)	¥1,100
	1.0(630時間)	

専門スタッフ

賃率差異	円	労働ミックス差異	円
労働歩留差異	円		

サポートスタッフ

賃率差異	円	労働ミックス差異	円
労働歩留差異	円		

4章 直接原価計算

▶教科書p.38〜46

●要点整理

1 利益計画と直接原価計算

利益計画…将来の一定期間において必要とされる利益の目標額を設定し，これを達成するための経営活動を計画して，売上高や原価などを表したもの

2 直接原価計算の特徴

直接原価計算…製造費用の変動費だけで仕掛品や製品の原価を計算

貢献利益（限界利益）…売上高から変動費を控除して求めた利益で，売上高の変動に比例して変化するため，売上高と利益との関係が明らかになり，利益計画の策定に有用

3 全部原価計算と直接原価計算

全部原価計算…すべて（変動費・固定費とも）の製造費用で仕掛品や製品の原価を計算するため，生産量と販売量が異なるとき，月初または月末の製品（仕掛品）に含まれる固定製造費が影響して，同じ売上高でも利益が異なる

➡ 直接原価計算では，売上高が等しいと利益も等しくなる

変動製造マージン…変動費を変動売上原価と変動販売費に区分し，売上高から変動売上原価を差し引いた部分

4 固定費調整

固定費調整…直接原価計算は企業内部の利益管理用の損益計算方式であるため，外部報告のために直接原価計算による営業利益から全部原価計算による営業利益に一致させる手続き

直接原価計算による営業利益
＋(全部原価計算における)期末製品および仕掛品原価に含まれる固定費部分
－(全部原価計算における)期首製品および仕掛品原価に含まれる固定費部分
＝全部原価計算による営業利益

◆練習問題

4－1 次の［資料］により，直接原価計算の営業利益を全部原価計算の営業利益に修正しなさい。

［資料］

直接原価計算の営業利益　*¥198,000*
期首製品棚卸高に含まれる固定製造原価　*¥10,000*
期末製品棚卸高に含まれる固定製造原価　*¥12,000*

円

4－2　次の［資料］により，下記の問いに答えなさい。ただし，期末製品原価の計算は先入先出法によるものとし，仕掛品は期首，期末ともになかったものとする。

［資料］

1．期首製品棚卸高　2,000 個
　　変動製造原価　*¥240,000*
　　固定製造原価　*¥160,000*
2．当期製品製造費用
　　変動製造原価　*¥1,400,000*
　　固定製造原価　*¥900,000*
3．当期完成数量　10,000 個
4．期末製品棚卸高　1,000 個
5．販売費及び一般管理費
　　変動販売費　*¥120,000*
　　固定販売費　*¥80,000*
6．売　価　　1個あたり　*¥500*

問1　全部原価計算および直接原価計算による損益計算書を作成しなさい。

損益計算書（全部原価計算）　（単位：千円）

Ⅰ 売上高		(　　)
Ⅱ 売上原価		
期首製品棚卸高	(　　)	
当期製造原価	(　　)	
計	(　　)	
期末製品棚卸高	(　　)	(　　)
売上総利益		(　　)
Ⅲ 販売費及び一般管理費		(　　)
営業利益		(　　)

損益計算書（直接原価計算）　（単位：千円）

Ⅰ 売上高		(　　)
Ⅱ 変動売上原価		
期首製品棚卸高	(　　)	
当期製造原価	(　　)	
計	(　　)	
期末製品棚卸高	(　　)	(　　)
変動製造マージン		(　　)
Ⅲ 変動販売費		(　　)
貢献利益		(　　)
Ⅳ 固定費		
固定製造原価	(　　)	
固定販売費	(　　)	(　　)
営業利益		(　　)

問2　問1の結果から固定費調整を行い，直接原価計算の営業利益を全部原価計算の営業利益に修正しなさい。

4－3　次の［資料］により，下記の問いに答えなさい。

［資料］

1．生産・販売データ

月初仕掛品	450 個	(2/3)	月初製品	350 個
当月投入	4,750 個		当月完成品	4,800 個
合　計	5,200 個		合　計	5,150 個
月末仕掛品	400 個	(1/2)	月末製品	450 個
当月完成品	4,800 個		当月販売品	4,700 個

※材料はすべて工程の始点で投入され，（　　）は加工進捗度を示している。

2．原価データ

	月初仕掛品原価	当月製造費用	月初製品原価
直接材料費	¥ 396,000	¥ 4,275,000	¥ 304,500
直接労務費	81,000	1,175,000	84,000
変動製造間接費	45,000	658,000	56,000
固定製造間接費	84,000	1,316,000	115,500

※(1)　直接労務費はすべて変動費としてあつかうこと。

(2)　当月製造費用は，当月の製造活動において発生した費用である。

3．その他

月末仕掛品原価および月末製品原価の計算は先入先出法による。

問1　直接原価計算方式による，次の金額を答えなさい。

月末仕掛品原価	円	完成品原価	円
月末製品原価	円	変動売上原価	円

問2　全部原価計算方式による，次の金額を答えなさい。

月末仕掛品原価	円	完成品原価	円
月末製品原価	円	売上原価	円

◆確認問題

4－4 次の［資料］により，直接原価計算によるセグメント別の損益計算書を作成しなさい。

［資料］

1．生産データ

セグメント	A製品	B製品
製造数量	750 個	540 個
販売数量	700 個	500 個
販売単価	*¥600*	*¥800*

2．原価データ

	A製品	B製品
単位あたり変動製造原価	@*¥300*	@*¥500*
固定製造原価（個別費）	*¥40,000*	*¥20,000*
単位あたり変動販売費	@*¥20*	@*¥10*
月初製品有高(単位原価)	50 個（@*¥300*）	60 個（@*¥500*）

上記のほか，共通固定費 *¥35,000* がある。

損益計算書　　　　(単位：円)

セグメント	A 製品		B 製品		合 計
Ⅰ 売上高		(　　　)		(　　　)	(　　　)
Ⅱ 変動売上原価					
1．月初製品棚卸高	(　　　)		(　　　)		
2．当月製造原価	(　　　)		(　　　)		
3．月末製品棚卸高	(　　　)	(　　　)	(　　　)	(　　　)	(　　　)
変動製造マージン		(　　　)		(　　　)	(　　　)
Ⅲ 変動販売費		(　　　)		(　　　)	(　　　)
貢献利益		(　　　)		(　　　)	(　　　)
Ⅳ 個別固定費		(　　　)		(　　　)	(　　　)
セグメント・マージン		(　　　)		(　　　)	(　　　)
Ⅴ 共通固定費					(　　　)
営業利益					(　　　)

4－5　次の［資料］により，下記の問いに答えなさい。ただし，期末製品原価の計算は先入先出法によるものとし，仕掛品は期首，期末ともになかったものとする。

［資料］

1．期首製品棚卸高　3,000 個
　　変動製造原価　*¥540,000*
　　固定製造原価　*¥360,000*

2．当期製品製造費用
　　変動製造原価　*¥2,000,000*
　　固定製造原価　*¥900,000*

3．当期完成数量　10,000 個

4．期末製品棚卸高　2,000 個

5．販売費及び一般管理費
　　変動販売費　*¥220,000*
　　固定販売費　*¥130,000*

6．売　価　1個あたり　*¥450*

問1　全部原価計算および直接原価計算による損益計算書を作成しなさい。

損益計算書（全部原価計算）（単位：千円）

Ⅰ　売上高		（　　）
Ⅱ　売上原価		
期首製品棚卸高	（　　）	
当期製造原価	（　　）	
計	（　　）	
期末製品棚卸高	（　　）	（　　）
売上総利益		（　　）
Ⅲ　販売費及び一般管理費		（　　）
営業利益		（　　）

損益計算書（直接原価計算）（単位：千円）

Ⅰ　売上高		（　　）
Ⅱ　変動売上原価		
期首製品棚卸高	（　　）	
当期製造原価	（　　）	
計	（　　）	
期末製品棚卸高	（　　）	（　　）
変動製造マージン		（　　）
Ⅲ　変動販売費		（　　）
貢献利益		（　　）
Ⅳ　固定費		
固定製造原価	（　　）	
固定販売費	（　　）	（　　）
営業利益		（　　）

問2　問1の結果から固定費調整を行い，直接原価計算の営業利益を全部原価計算の営業利益に修正しなさい。

4－6　製品Dを生産・販売している当社では，直接原価計算方式によって損益計算書を作成し，固定費調整を行うことで，全部原価計算方式による営業利益を計算している。次の［資料］により，期末仕掛品・期末製品に含まれる固定製造原価を計算し，（　　）にあてはまる金額を答えなさい。

［資料］

1．生産・販売データ

期首仕掛品	600個	(0.5)	期首製品	300個
当月投入	8,400個		当期完成品	7,500個
合計	9,000個		合計	7,800個
期末仕掛品	1,500個	(0.6)	期末製品	600個
当期完成品	7,500個		当期販売品	7,200個

※材料はすべて工程の始点で投入され，（　　）は加工進捗度を示している。

2．原価データ（一部）

	期首仕掛品原価	期首製品原価	当月製造費用
固定加工費	¥ *62,700*	¥ *73,650*	¥ *619,650*

3．その他

期末仕掛品原価および期末製品原価の計算は先入先出法による。

固定費調整　　（単位：円）

直接原価計算方式による営業利益		*1,800,000*
期末仕掛品固定費	（　　　）	
期末製品固定費	（　　　）	（　　　）
期首仕掛品固定費	（　　　）	
期首製品固定費	（　　　）	（　　　）
全部原価計算方式による営業利益		（　　　）

1編 管理会計と経営管理　2編 短期利益計画　3編 企業予算　4編 責任会計と業績評価　5編 経営意思決定と管理会計　6編 コスト・マネジメント

◆発展問題

4－7　次の［資料］により，下記の問いに答えなさい。

［資料］

1．生産・販売データ

月初仕掛品	675個	(2/3)	月初製品	525個
当月投入	7,125個		当月完成品	7,200個
合　計	7,800個		合　計	7,725個
月末仕掛品	600個	(1/2)	月末製品	675個
当月完成品	7,200個		当月販売品	7,050個

※材料はすべて工程の始点で投入され，(　　) は加工進捗度を示している。

2．原価データ

	月初仕掛品原価	当月製造費用	月初製品原価
直接材料費	¥ *594,000*	¥ *6,412,500*	¥ *456,750*
直接労務費	*121,500*	*1,762,500*	*126,000*
変動製造間接費	*67,500*	*987,000*	*84,000*
固定製造間接費	*126,000*	*1,974,000*	*173,250*

※⑴　直接労務費はすべて変動費としてあつかうこと。

⑵　当月製造費用は，当月の製造活動において発生した費用である。

3．販売費及び一般管理費データ

変動販売費　*135* 円 / 個

固定販売費　*250,000* 円

一般管理費　*600,000* 円（すべて固定費）

4．その他

⑴　製品1個あたりの売価は *1,875* 円である。

⑵　月末仕掛品原価および月末製品原価の計算は先入先出法による。

問1　全部原価計算による月次損益計算書を作成しなさい。

全部原価計算による月次損益計算書　　（単位：円）

Ⅰ 売　上　高		（　　　）
Ⅱ 売 上 原 価		
1．月初製品棚卸高	（　　　）	
2．当月製品製造原価	（　　　）	
合　　計	（　　　）	
3．月末製品棚卸高	（　　　）	（　　　）
売 上 総 利 益		（　　　）
Ⅲ 販売費及び一般管理費		
1．販　　売　　費	（　　　）	
2．一 般 管 理 費	（　　　）	（　　　）
営 業 利 益		（　　　）

問2　直接原価計算による月次損益計算書を作成し，固定費調整を行いなさい。

直接原価計算による月次損益計算書　　（単位：円）

Ⅰ 売　上　高		（　　　）
Ⅱ 変動売上原価		
1．月初製品棚卸高	（　　　）	
2．当月製品製造原価	（　　　）	
合　　計	（　　　）	
3．月末製品棚卸高	（　　　）	（　　　）
変動製造マージン		（　　　）
Ⅲ 変 動 販 売 費		（　　　）
貢 献 利 益		（　　　）
Ⅳ 固　定　費		
1．製 造 間 接 費	（　　　）	
2．販　　売　　費	（　　　）	
3．一 般 管 理 費	（　　　）	（　　　）
営業利益（直接原価計算）		（　　　）
Ⅴ 固 定 費 調 整		
1．月末製品・仕掛品に含まれる固定費		（　　　）
2．月初製品・仕掛品に含まれる固定費		（　　　）
営業利益（全部原価計算）		（　　　）

4－8　次の各問いに答えなさい。

問1　甲製品・乙製品・丙製品の3つの製品を生産・販売している福岡工業株式会社に関する以下の［資料］により，全部原価計算による製品種類別の損益計算書を作成しなさい。なお，売上総利益および営業利益がマイナスの場合は数字の前に△を付すこと。ただし，期首と期末の仕掛品はなかった。

［資料］

1．生産・販売データ

	甲製品	乙製品	丙製品
期首製品棚卸数量	400個	500個	250個
当期製品生産数量	4,500個	6,000個	3,000個
期末製品棚卸数量	450個	500個	200個
販売単価	*2,000*円	*2,200*円	*2,100*円

2．当期の原価データ

	甲製品	乙製品	丙製品
直接材料費	*3,940*千円	*6,630*千円	*2,490*千円
直接労務費	*1,440*千円	*1,800*千円	*1,080*千円
製造間接費	*6,120*千円		
販売費及び一般管理費	*4,320*千円		

3．その他のデータ

(1)　直接労務費はすべて変動費である。

(2)　製造間接費は直接労務費の割合で各製品に配賦する。

(3)　販売費及び一般管理費は販売数量の割合で各製品に配分する。

(4)　売上原価の計算には先入先出法を用いている。

(5)　期首製品の原価は，甲製品*680*千円，乙製品*925*千円，丙製品*415*千円で，そのうち各製品に含まれる変動費の金額は，甲製品*540*千円，乙製品*795*千円，丙製品*325*千円である。

（単位：千円）

	甲製品	乙製品	丙製品	合　計
Ⅰ　売上高	（　　）	（　　）	（　　）	（　　）
Ⅱ　売上原価	（　　）	（　　）	（　　）	（　　）
売上総利益	（　　）	（　　）	（　　）	（　　）
Ⅲ　販売費及び一般管理費	（　　）	（　　）	（　　）	（　　）
営業利益	（　　）	（　　）	（　　）	（　　）

問2　問1の［資料］に以下の［追加資料］を加え，直接原価計算による製品種類別の損益計算書を作成しなさい。なお，変動製造マージン，貢献利益，セグメント・マージン，営業利益がマイナスの場合には数字の前に△を付すこと。

［追加資料］

1．製造間接費（*6,120* 千円）の内訳

	甲製品	乙製品	丙製品
変動製造間接費	*550* 千円	*870* 千円	*330* 千円
個別固定製造間接費	*975* 千円	*1,200* 千円	*725* 千円
共通固定製造間接費	*1,470* 千円		

2．販売費及び一般管理費（*4,320* 千円）の内訳

	甲製品	乙製品	丙製品
変動販売費	*495* 千円	*690* 千円	*300* 千円
個別固定販売費及び一般管理費	*675* 千円	*990* 千円	*405* 千円
共通固定販売費及び一般管理費	*765* 千円		

（単位：千円）

	甲製品	乙製品	丙製品	合　計
Ⅰ　売上高	(　　)	(　　)	(　　)	(　　)
Ⅱ　変動売上原価	(　　)	(　　)	(　　)	(　　)
変動製造マージン	(　　)	(　　)	(　　)	(　　)
Ⅲ　変動販売費	(　　)	(　　)	(　　)	(　　)
貢献利益	(　　)	(　　)	(　　)	(　　)
Ⅳ　個別固定費				
1．固定製造間接費	(　　)	(　　)	(　　)	(　　)
2．固定販売費及び一般管理費	(　　)	(　　)	(　　)	(　　)
セグメント・マージン	(　　)	(　　)	(　　)	(　　)
Ⅴ　共通固定費				
1．固定製造間接費				(　　)
2．固定販売費及び一般管理費				(　　)
営業利益				(　　)

5章 直接標準原価計算

▶教科書p.47～58

●要点整理

1 直接標準原価計算の意義と特色

直接標準原価計算…利益計画の策定およびCVP分析に役立つ直接原価計算と，原価管理に有効な標準原価計算とを結合させた原価計算

2 直接原価標準の設定

直接原価標準…固定費を含むすべての製造原価に対して原価標準が設定される（全部）標準原価計算とは違い，変動製造費および変動販売費についても原価標準を設定

3 直接標準原価計算における差異分析

●原価差異分析の図

直接材料費差異

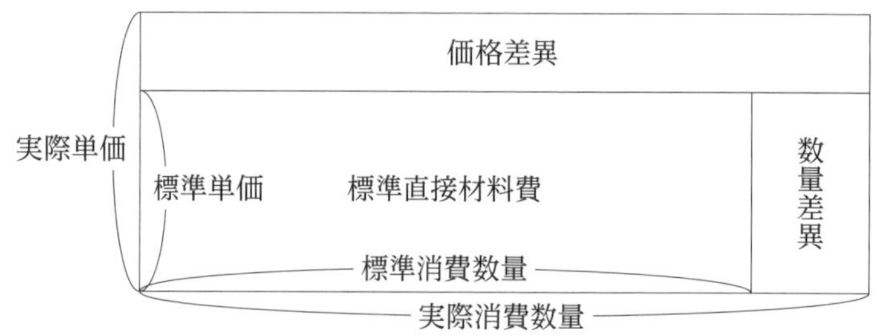

※直接材料費は変動費なので，（全部）標準原価計算と同じ

直接労務費差異

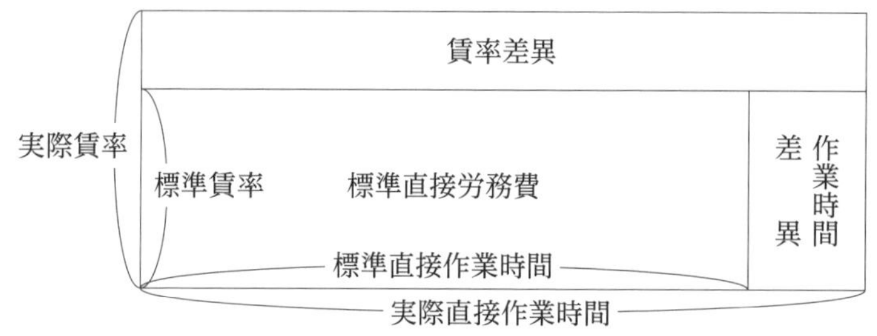

※直接労務費は変動費なので，（全部）標準原価計算と同じ

変動製造間接費差異

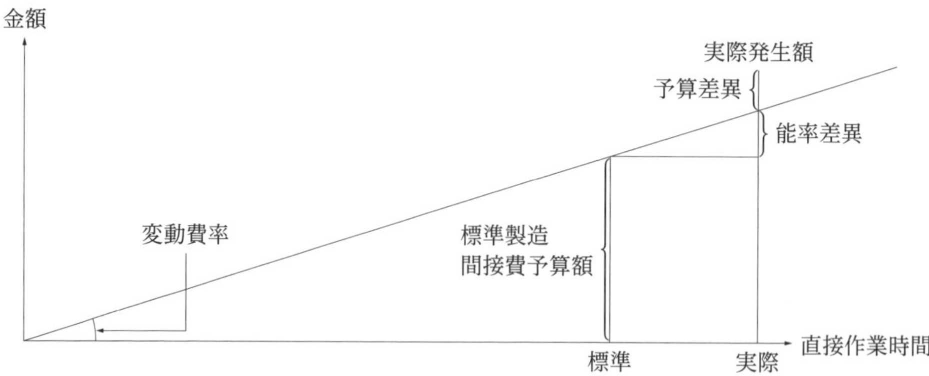

固定製造間接費差異

固定製造間接費差異＝固定製造間接費予算額－固定製造間接費実際発生額

※固定製造間接費差異は分析する必要がない

販売費及び一般管理費差異

変動販売費差異＝標準変動販売費－実際変動販売費

固定販売費及び一般管理費
＝固定販売費及び一般管理費予算額－固定販売費及び一般管理費実際発生額

4 直接標準原価計算による損益計算書

損　益　計　算　書

Ⅰ　売　　上　　高		×××
Ⅱ　標準変動売上原価		×××
標準変動製造マージン		×××
Ⅲ　標準変動販売費		×××
標準貢献利益		×××
Ⅳ　変動原価差異		
1．価　格　差　異	×××	
2．数　量　差　異	×××	
3．賃　率　差　異	×××	
4．作業時間差異	×××	
5．予　算　差　異	×××	
6．能　率　差　異	×××	
7．変動販売費差異	×××	×××
実際貢献利益		×××
Ⅴ　固　　定　　費		
1．固定製造間接費予算額	×××	
2．固定販売費及び一般管理費	×××	×××
Ⅵ　固定原価差異		
1．固定製造間接費差異	×××	
2．固定販売費及び一般管理費差異	×××	×××
営　業　利　益		×××

※1　直接標準原価計算は企業内部で管理目的に活用されるため，損益計算書の様式に定めはないが，上記は一般的な書式例

※2　「Ⅴ　固定費」の「2．固定販売費及び一般管理費」についても予算を用いる

◆練習問題

5－1　次の文の[　　]の中に最も適当な語を記入しなさい。

①　直接標準原価計算は，利益計画の策定およびCVP分析に役立つ[　ア　]と原価管理に役立つ[　イ　]を組み合わせたものである。

②　直接標準原価計算では，[　ウ　]に対しては製品単位あたりの原価標準を設定するが，[　エ　]については，予算を用いて管理する。

③　直接標準原価計算における差異分析では，直接材料費差異は[　オ　]と[　カ　]に分けられる。

④　直接標準原価計算における差異分析では，変動製造間接費差異は[　キ　]と[　ク　]に分けられる。

ア	イ	ウ
エ	オ	カ
キ	ク	

5－2　次の［資料］から，直接標準原価計算による損益計算書を作成しなさい。なお，不利差異の場合にはマイナスの符号を付すものとする。

［資料］

1．標準原価カード（製品1個あたり）

変動製造費		
直接材料費	@¥650 × 2 kg	= ¥1,300
直接労務費	@¥500 × 3 時間	= ¥1,500
変動製造間接費	@¥200 × 3 時間	= ¥　600
計		¥3,400
変動販売費	@¥280	

2．生産データ

月初仕掛品	300 個	(0.4)
当月投入	3,200 個	
合　計	3,500 個	
月末仕掛品	200 個	(0.6)
完成品	3,300 個	
月初製品棚卸高	500 個	
月末製品棚卸高	400 個	

(　　) は加工進捗度を示す。直接材料はすべて始点投入。

3．実際原価データ

直接材料費　6,550kg × @¥630 = ¥4,126,500

直接労務費　9,800 時間 × @¥540 = ¥5,292,000

製造間接費

　変動製造間接費　9,800 時間 × @¥220 = ¥2,156,000

　固定製造間接費　¥3,800,000

変動販売費　¥1,020,000

固定販売費　¥1,650,000（予算額 ¥1,500,000）

4．その他の資料

製品販売価格　@¥8,000

製造間接費は公式法変動予算によって設定されており，固定製造間接費月間予算額は ¥3,600,000 であり，基準操業度は 12,000 時間である。

直接標準原価計算による損益計算書　（単位：円）

Ⅰ　売上高		（　）
Ⅱ　標準変動売上原価		
月初製品棚卸高	（　）	
当月製造原価	（　）	
合計	（　）	
月末製品棚卸高	（　）	（　）
標準変動製造マージン		（　）
Ⅲ　標準変動販売費		（　）
標準貢献利益		（　）
Ⅳ　変動原価差異		
価格差異	（　）	
数量差異	（　）	
賃率差異	（　）	
作業時間差異	（　）	
予算差異	（　）	
能率差異	（　）	
変動販売費差異	（　）	（　）
実際貢献利益		（　）
Ⅴ　固定費		
固定製造間接費予算額	（　）	
固定販売費及び一般管理費	（　）	（　）
Ⅵ　固定原価差異		
固定製造間接費差異	（　）	
固定販売費及び一般管理費差異	（　）	（　）
営業利益		（　）

◆確認問題

5－3　次の［資料］から，直接標準原価計算による損益計算書を作成しなさい。なお，不利差異の場合にはマイナスの符号を付すものとする。

［資料］

1．標準原価カード（製品1個あたり）

変動製造費		
直接材料費	@¥400 × 3 kg	= ¥1,200
直接労務費	@¥300 × 2時間	= ¥　600
変動製造間接費	@¥100 × 2時間	= ¥　200
計		¥2,000
変動販売費	@¥150	

2．生産データ

月初仕掛品	100個	(0.5)
当月投入	2,000個	
合　計	2,100個	
月末仕掛品	200個	(0.5)
完成品	1,900個	
月初製品棚卸高	300個	
月末製品棚卸高	400個	

(　　) は加工進捗度を示す。直接材料はすべて始点投入。

3．実際原価データ

直接材料費　6,200kg × @¥410 = ¥2,542,000

直接労務費　4,100時間 × @¥350 = ¥1,435,000

製造間接費

　変動製造間接費　4,100時間 × @¥110 = ¥451,000

　固定製造間接費　¥1,080,000

変動販売費　¥324,000

固定販売費　¥820,000（予算額 ¥750,000）

4．その他の資料

製品販売価格　@¥5,000

　製造間接費は公式法変動予算によって設定されており，固定製造間接費月間予算額は ¥900,000 であり，基準操業度は 4,500時間である。

直接標準原価計算による損益計算書

（単位：円）

Ⅰ	売　上　高		(　　　)
Ⅱ	標準変動売上原価		
	月初製品棚卸高	(　　　)	
	当月製造原価	(　　　)	
	合　　計	(　　　)	
	月末製品棚卸高	(　　　)	(　　　)
	標準変動製造マージン		(　　　)
Ⅲ	標準変動販売費		(　　　)
	標準貢献利益		(　　　)
Ⅳ	変動原価差異		
	価　格　差　異	(　　　)	
	数　量　差　異	(　　　)	
	賃　率　差　異	(　　　)	
	作業時間差異	(　　　)	
	予　算　差　異	(　　　)	
	能　率　差　異	(　　　)	
	変動販売費差異	(　　　)	(　　　)
	実際貢献利益		(　　　)
Ⅴ	固　定　費		
	固定製造間接費予算額	(　　　)	
	固定販売費及び一般管理費	(　　　)	(　　　)
Ⅵ	固定原価差異		
	固定製造間接費差異	(　　　)	
	固定販売費及び一般管理費差異	(　　　)	(　　　)
	営　業　利　益		(　　　)

◆発展問題

5－4　次の［資料］により，直接標準原価計算による月次損益計算書を完成しなさい。なお，不利差異の場合は金額の前に△を付すこと。

［資料］

1．生産・販売データ

月初仕掛品	840 個	(1/2)	月初製品	600 個
当月投入	7,680 個		当月完成品	7,800 個
合計	8,520 個		合計	8,400 個
月末仕掛品	720 個	(2/3)	月末製品	900 個
当月完成品	7,800 個		当月販売品	7,500 個

※材料はすべて工程の始点で投入され，（　　）は加工進捗度を示している。

2．製品1個あたりの標準変動製造原価

直接材料費　*564* 円 /kg × 4 kg ＝ *2,256* 円

直接労務費　*1,080* 円 / 時間× 3 時間＝ *3,240* 円

製造間接費　*864* 円 / 時間× 3 時間＝ *2,592* 円

3．製造間接費予算（公式法変動予算）

変動費率　*864* 円 / 時間　　固定費（月間）*9,576,000* 円

※操業度は，直接作業時間によって把握している。

4．販売費及び一般管理費予算

変動販売費　*480* 円 / 個

固定販売費及び一般管理費（月間）*3,360,000* 円

5．当月の実績データ

直接材料費　*552* 円 /kg × 31,560kg ＝ *17,421,120* 円

直接労務費　*1,104* 円 / 時間× 23,600 時間＝ *26,054,400* 円

製造間接費

　変動製造間接費　*19,975,680* 円

　固定製造間接費　*9,888,000* 円

販売費及び一般管理費

　変動販売費　*3,549,980* 円

　固定販売費及び一般管理費　*3,191,300* 円

損益計算書（直接標準原価計算）　　　（単位：円）

Ⅰ　売　上　高		*90,000,000*
Ⅱ　標準変動売上原価		
月初製品棚卸高	(　　　)	
当月製品製造原価	(　　　)	
合　　計	(　　　)	
月末製品棚卸高	(　　　)	(　　　)
標準変動製造マージン		(　　　)
Ⅲ　標準変動販売費		(　　　)
標準貢献利益		(　　　)
Ⅳ　変動原価差異		
1．材料消費価格差異	(　　　)	
2．材料消費数量差異	(　　　)	
3．賃　率　差　異	(　　　)	
4．作業時間差異	(　　　)	
5．(　　　　　)	(　　　)	
6．能　率　差　異	(　　　)	
7．変動販売費差異	(　　　)	(　　　)
実際貢献利益		(　　　)
Ⅴ　固　定　費		
1．固定製造間接費予算額	(　　　)	
2．固定販売費及び一般管理費	(　　　)	(　　　)
Ⅵ　固定原価差異		
1．固定製造間接費差異	(　　　)	
2．固定販売費及び一般管理費差異	(　　　)	(　　　)
営　業　利　益		(　　　)

5－5　福岡工業では，これまでの全部標準原価計算から直接標準原価計算への変更を検討している。次の［資料］により，直接標準原価計算による損益計算書を完成しなさい。なお，不利差異の場合は金額の前に△を付すこと。

［資料］

1．標準原価カード

標準原価カード（製品1個あたり）		
直接材料費	*280* 円/kg　× 3 kg　＝	*840* 円
直接労務費	*490* 円/時間 × 2 時間 ＝	*980* 円
製造間接費	*600* 円/時間 × 2 時間 ＝	*1,200* 円
		3,020 円

※製造間接費は公式法変動予算によって設定されており，直接作業時間を基準として配賦している。なお，月間固定製造間接費予算額は *3,120,000* 円，基準操業度は 8,000 時間である。

2．生産・販売データ

月初仕掛品	450 個	(2/3)	月 初 製 品	300 個
当 月 投 入	3,800 個		当月完成品	3,850 個
合　計	4,250 個		合　計	4,150 個
月末仕掛品	400 個	(1/2)	月 末 製 品	375 個
当月完成品	3,850 個		当月販売品	3,775 個

※材料はすべて工程の始点で投入され，(　　) は加工進捗度を示している。

3．当月の実績データ

直接材料費　*290* 円/kg × 11,150kg ＝ *3,233,500* 円

直接労務費　*485* 円/時間 × 7,900 時間 ＝ *3,831,500* 円

製造間接費

　変動製造間接費　*195* 円/時間 × 7,900 時間 ＝ *1,540,500* 円

　固定製造間接費　*2,993,000* 円

販売費及び一般管理費

　変動販売費　*140* 円/個

　固定販売費及び一般管理費　*930,000* 円

4．その他

標準変動販売費　*150* 円/個

月間固定販売費及び一般管理費予算額　*850,000* 円

損益計算書（直接標準原価計算）

（単位：円）

Ⅰ　売　上　高		*14,345,000*
Ⅱ　標準変動売上原価		
月初製品棚卸高	（　　　）	
当月製品製造原価	（　　　）	
合　　計	（　　　）	
月末製品棚卸高	（　　　）	（　　　）
標準変動製造マージン		（　　　）
Ⅲ　標準変動販売費		（　　　）
標準貢献利益		（　　　）
Ⅳ　変動原価差異		
1．材料消費価格差異	（　　　）	
2．材料消費数量差異	（　　　）	
3．賃　率　差　異	（　　　）	
4．作業時間差異	（　　　）	
5．予　算　差　異	（　　　）	
6．（　　　　）	（　　　）	
7．変動販売費差異	（　　　）	（　　　）
実際貢献利益		（　　　）
Ⅴ　固　定　費		
1．固定製造間接費予算額	（　　　）	
2．固定販売費及び一般管理費	（　　　）	（　　　）
Ⅵ　固定原価差異		
1．固定製造間接費差異	（　　　）	
2．固定販売費及び一般管理費差異	（　　　）	（　　　）
営　業　利　益		（　　　）

6章 短期利益計画と原価予測

▶教科書p.60〜64

●要点整理

1 原価予測

原価予測…営業量（操業度）の変動に応じた原価の動きを予測すること

営業量…一般的には売上高や生産量だが，販売量や作業時間なども用いられる

2 原価分解

原価分解…原価の推移を予測するために，原価を変動費と固定費に分解すること

準変動費…水道光熱費や通信費など，営業量がゼロでも一定額の費用が発生し，営業量が増大するにつれて，ほぼ比例的に発生する原価

準固定費…監督者の給料や検査費など，ある一定の営業量では固定的だが，その範囲を超えると飛躍的に増加する原価

3 原価分解の方法

費目別精査法（勘定科目精査法）…過去の経験にもとづいて個々の費目を固定費か変動費に分類する方法で，実務では広く採用されている

➡ 分類者の主観によって結果が大きく左右されてしまう恐れがある

高低点法…各原価項目について，営業量と原価との関係を次の１次方程式のように仮定して，過去の一定期間内の最大値と最小値から変動費と固定費に分類する方法

$y = ax + b$

y：総原価　a：変動費率　x：営業量　b：固定費

➡ 計算は簡便だが，データに異常値が含まれてしまうこともあり，正確性に疑問がある

スキャッターグラフ法（散布図表法）…過去の統計データから x（営業量）と y（総原価）を数多く集めグラフ化し，これらの点の真中を通る傾向線の傾きから $y = ax + b$ より変動費と固定費に分類する方法

➡ 傾向線の引き方しだいで，結果が異なる可能性がある

最小自乗法…スキャッターグラフ法の傾向線の傾きを数学的に求める方法

$\Sigma y = a\Sigma x + nb$

$\Sigma xy = a\Sigma x^2 + b\Sigma x$

n：サンプル数

◆練習問題

6－1　ある工場における１年間の製造間接費と直接作業時間の実績データが次のとおりであったとする。このとき，①高低点法の場合，②最小自乗法の場合のそれぞれにおいて，変動費率，固定費を求めなさい。

	直接作業時間（X）	製造間接費（Y）		直接作業時間（X）	製造間接費（Y）
4月	140	¥45,500	10月	110	¥39,200
5月	180	¥51,800	11月	160	¥49,000
6月	100	¥36,400	12月	200	¥56,000
7月	160	¥48,300	1月	140	¥43,400
8月	140	¥44,800	2月	130	¥45,500
9月	190	¥53,200	3月	150	¥47,600

① 高低点法

② 最小自乗法

(単位：円)

	X	Y	X^2	X Y
4月				
5月				
6月				
7月				
8月				
9月				
10月				
11月				
12月				
1月				
2月				
3月				
合計				

変動費率

固定費

◆確認問題

6－2　次の文の［　　］の中に最も適当な語を記入しなさい。

① 水道光熱費や通信費などのように，営業量が［　ア　］のときにも一定額発生し，営業量が増大するにつれて，ほぼ比例的に発生する原価を準変動費という。また，ある一定の営業量の範囲では固定的だが，その範囲を超えると飛躍的に増加する原価を［　イ　］という。

② 原価を変動費の部分と固定費の部分に分割しなおすことを［　ウ　］という。

③ 原価分解の方法のうち，過去の経験にもとづいて個々の費目を分類する方法を［　エ　］といい，各原価費目について，営業量と原価との関係を y = ax + b の一次方程式のように仮定して，過去の一定期間の最大値と最小値から x と y の解を求める方法を［　オ　］という。

ア		イ		ウ	
エ		オ			

6－3　A工場の過去半年の製造間接費と直接作業時間の実績データが次のとおりであったとする。このとき，①高低点法の場合，②最小自乗法の場合のそれぞれにおいて，変動費率，固定費を求めなさい。

	直接作業時間（X）	製造間接費（Y）
4月	170	¥282,000
5月	140	¥251,500
6月	200	¥287,500
7月	180	¥278,500
8月	180	¥280,000
9月	160	¥263,500

計算　（単位：円）

	X	Y	X^2	XY
4月				
5月				
6月				
7月				
8月				
9月				
合計				

①高低点法	変動費率	円／時間	固定費	円
②最小自乗法	変動費率	円／時間	固定費	円

◆発展問題

6－4 次の［資料］により，各月の直接作業時間と製造間接費のデータを収集し，製造間接費を変動費と固定費に分けて把握することにした。下記の問いに答えなさい。

［資料］

月	直接作業時間(x)	製造間接費(y)	x^2	xy
4月	240時間	*23,200*円	57,600	*5,568,000*
5月	400時間	*36,800*円	160,000	*14,720,000*
6月	280時間	*26,800*円	78,400	*7,504,000*
7月	360時間	*34,800*円	129,600	*12,528,000*
8月	300時間	*28,800*円	90,000	*8,640,000*
9月	200時間	*20,000*円	40,000	*4,000,000*
10月	320時間	*31,000*円	102,400	*9,920,000*
11月	380時間	*35,800*円	144,400	*13,604,000*
12月	420時間	*37,600*円	176,400	*15,792,000*
1月	260時間	*25,000*円	67,600	*6,500,000*
2月	340時間	*34,800*円	115,600	*11,832,000*
3月	220時間	*22,200*円	48,400	*4,884,000*
12か月合計	3,720時間	*356,800*円	1,210,400	*115,492,000*

問1　高低点法を用いて，変動費率と固定費を求めなさい。

変動費率	円/時間	固定費	円

問2　最小自乗法を用いて，変動費率と固定費を求めなさい。なお，解答上，端数が生じた場合には，解答の最終段階で小数点第2位を四捨五入し，第1位まで解答すること。

変動費率	円/時間	固定費	円

問3　次の文章中の【　　】に記載のある不要な語句に二重線を付しなさい。

高低点法は，xとyについて，それぞれ二つのデータを組み合わせのみを用いて計算できることから簡便だが，【 正常値　異常値 】がデータとして活用される可能性も否定できないため，【 予測値　実際値 】の正確性には問題が残る。最小自乗法は数学的に傾向線の傾きを求めるために，多くのデータが使われる分だけ正確性が向上すると考えられる。

7章 CVP分析と損益分岐点

▶教科書p.65〜71

●要点整理

1 短期利益計画におけるＣＶＰ分析の役割

ＣＶＰ分析…原価（Cost），営業量（Volume），利益（Profit）の関係を見極めて，利益計画の策定に結びつけるための手法で，損益分岐点分析ともよばれる

2 損益分岐点と利益図表

損益分岐点…損失も利益も発生しない売上高＝総原価の状態で，利益図表においては売上高線と総原価線が交差する点

利益図表（損益分岐図表）…売上高線と総原価線の二つの直線で描かれた図

売上高線…営業量の増減によって売上高がどのように増減するかを示す線

総原価線…営業量の増減によって固定費と変動費の合計額がどのくらい変化するかを示す線

変動費率…営業量の増減に応じた変動費の変化の割合を示す総原価線の傾き

$$\text{変動費率} = \frac{\text{変動費}}{\text{売上高}} \times 100$$

3 損益分岐点販売量と損益分岐点売上高の計算

$$\text{損益分岐点販売量} = \frac{\text{固定費}}{\text{販売単価} - \text{単位あたり変動費}} = \frac{\text{固定費}}{\text{単位あたり貢献利益}}$$

$$\text{損益分岐点売上高} = \frac{\text{固定費}}{1 - \dfrac{\text{変動費}}{\text{売上高}}}$$

または，

$$\text{損益分岐点売上量} = \frac{\text{固定費}}{1 - \text{変動費率}} = \frac{\text{固定費}}{\text{貢献利益率}}$$

4 目標利益の達成に必要な売上高の計算

$$\text{目標利益を達成する売上高} = \frac{\text{固定費} + \text{目標利益}}{\text{貢献利益率}}$$

5 ＣＶＰ分析に関連する財務指標

$$\text{安全余裕率} = \frac{\text{現在の売上高} - \text{損益分岐点売上高}}{\text{現在の売上高}} \times 100$$

$$\text{損益分岐点比率} = \frac{\text{損益分岐点売上高}}{\text{現在の売上高}} \times 100$$

※安全余裕率＋損益分岐点比率＝ 100％

$$\text{経営レバレッジ係数} = \frac{\text{貢献利益}}{\text{営業利益}}$$

◆練習問題

7－1　次の文の[　　]の中に最も適当な語を記入しなさい。

① 損失も利益も発生しない，売上高＝総原価となる売上高または販売量のことを[　ア　]という。
② 営業量（売上高）に占める変動費の割合を[　イ　]という。
③ 利益図表は，[　ウ　]線と，[　エ　]線の二つの直線で描かれた単純な図である。
④ 貢献利益図表では，[　オ　]を横軸にとり，また[　カ　]は斜線によって描かれる。
⑤ 損益分岐点売上高が現在の売上高からどれだけはなれているかを示す指標を[　キ　]という。

ア	イ	ウ
エ	オ	カ
キ		

7－2　当社の今年度の売上高は￥2,000,000　変動費は￥700,000　固定費は￥1,040,000と見積もられた場合，①変動費率，②損益分岐点売上高，③目標利益￥520,000を達成するために必要な売上高を計算しなさい。

①	%	②	￥	③	￥

7－3　当社の今年度の売上高は￥2,000,000　変動費は￥1,000,000　固定費は￥700,000と見積もられた場合，①損益分岐点売上高，②安全余裕率を計算しなさい。

①	￥	②	%

◆確認問題

7－4　次の文の［　　］の中に，下記の語群の中から最も適当なものを選び，その番号を記入しなさい。

①　短期利益計画において売上高の増減に応じて原価と利益が増減する関係を分析する方法を［　ア　］という。頭文字のうちVは［　イ　］をあらわしている。

②　CVP分析の基本的な考えは［　ウ　］をかくことで鮮明に読み取ることができる。［　ウ　］は［　エ　］と［　オ　］からなるが，［　オ　］の傾きは，営業量の増減に応じた変動費の変化の割合を示すことから［　カ　］という。

③　損失も利益も発生しない売上高または販売量のことを［　キ　］という。［　キ　］では，［　ク　］と貢献利益が一致する。

④　損益分岐点売上高が現在の売上高からどれだけはなれているかを示す指標に［　ケ　］があるが，［　ケ　］の数値が［　コ　］ほど収益性が良好であると判断される。

1	CVP分析	2	安全余裕率	3	売上高	4	売上高線	5	営業利益
6	営業量	7	大きい	8	貢献利益	9	貢献利益率	10	固定費
11	総原価線	12	損益分岐点	13	小さい	14	変動費率	15	利益図表

ア		イ		ウ		エ		オ	
カ		キ		ク		ケ		コ	

7－5　A社の今年度の売上高は¥4,000,000　変動費は¥1,440,000　固定費は¥1,600,000と見積もられた場合，①変動費率，②損益分岐点売上高，③安全余裕率を求めなさい。また，④目標利益¥1,280,000を達成するために必要な売上高を計算しなさい。

①	%	②	¥	③	%
④	¥				

7－6　B社の今年度の売上高は¥5,000,000　変動費は¥1,500,000　固定費は¥2,100,000と見積もられた場合，①変動費率，②損益分岐点売上高，③安全余裕率を求めなさい。また，④目標利益¥1,750,000を達成するために必要な売上高を計算しなさい。

①	%	②	¥	③	%
④	¥				

7－7　固定費を¥1,920,000　損益分岐点の売上高を¥3,200,000　変動費率を40%とする場合において，次の問いに答えなさい。

①　目標利益¥3,000,000を達成するために必要な売上高を計算しなさい。

②　36%を目標利益率とした場合に必要な売上高を計算しなさい。

③　上記②で計算した売上高の安全余裕率を計算しなさい。

①	¥	②	¥	③	%

◆発展問題

7－8　当社は，製品Dの製造・販売を行っている。次の［資料］により，各問いに答えなさい。

［資料（当期の業績）］

販売単価：*3,600* 円／個　　販売数量：3,200 個

年間固定費：*5,400,000* 円　　変動費：*1,440* 円／個

問１　損益分岐点における販売量

個

問２　当期の業績より販売量が 10％増加した場合の予想営業利益

円

問３　安全余裕率 20％を達成するために必要な売上高

円

7－9　当社は，製品Bと製品Cの数量を３対２の割合で製造・販売している。次の［資料］により，損益分岐点における売上高およびその際の製品Ｂの販売数量を答えなさい。

［資料］

１．製品１個あたりの予定販売価格および予定変動製造・販売費

	製品Ｂ	製品Ｃ
販売価格	*14,000* 円	*11,500* 円
変動費		
直接材料費	*5,500* 円	*5,000* 円
加　工　費	*2,250* 円	*2,150* 円
販　売　費	*1,350* 円	*900* 円

２．年間固定費予算

加工費　*21,000,000* 円

販売費及び一般管理費　*13,560,000* 円

損益分岐点売上高	円	製品Ｂの販売数量	個

8章 感度分析

▶教科書p.72〜77

●要点整理

1 感度分析の意義

感度分析…経営環境の変化によって計画から現実がずれる場合を予測するために，会社の業績（利益）に影響をおよぼす，販売単価・販売量・変動費・固定費についての分析

2 感度分析の進め方

販売単価が変化した場合…売上高線の傾きが変化し，次のような影響がある

販売単価↑ ➡ 損益分岐点↓ ➡ 利益↑（販売量が落ち込む可能性）

販売単価↓ ➡ 損益分岐点↑ ➡ 利益↓（販売量が増える可能性）

販売量が変化した場合…売上高線などの傾きに変化はないが，次のような影響がある

販売量↑ ➡ 利益↑

販売量↓ ➡ 利益↓

固定費が変化した場合…おもに利益計画の策定段階で固定費の引き下げが検討されるが，次のような影響がある

固定費↑ ➡ 総原価線↑ ➡ 損益分岐点↑ ➡ 利益↓

固定費↓ ➡ 総原価線↓ ➡ 損益分岐点↓ ➡ 利益↑

※ 固定費となる人件費や減価償却費などを引き下げるのは困難

変動費が変化した場合…総原価線の傾きが変化し，次のような影響がある

変動費↑ ➡ 総原価線↑ ➡ 損益分岐点↑ ➡ 利益↓

変動費↓ ➡ 総原価線↓ ➡ 損益分岐点↓ ➡ 利益↑

◆練習問題

8－1　次の文の[　　]の中に最も適当な語を記入しなさい。

① 感度分析は，会社の業績，とくに利益に影響をおよぼす，[ア]，[イ]，[ウ]および[エ]の四つの要素について分析する。

② 変動費を削減するための具体的な方法としては，[オ]や[カ]があげられる。

③ 固定費の水準の引き下げは，利益図表の上では[キ]と[ク]の交点の位置を押し下げる効果をもつ。

ア	イ	ウ
エ	オ	カ
キ	ク	

8－2　A社は，製品Xの製造・販売を行っており，当初の業績は次のとおりである。よって，下記の問いに答えなさい。

［資料］

1．製品の販売単価　@ *¥2,000*

2．当期の販売量　2,600 個

3．年間固定費　*¥1,800,000*

4．製品１個あたりの変動費

直接材料費，労務費	*¥400*
変動製造間接費	*¥300*
変動販売費	*¥100*
合計	*¥800*

問１　損益分岐点における売上高と販売量を求めなさい。

問２　次期に販売量が 20％増加するならば，予想利益はいくらになるか求めなさい。

問３　次期に販売単価を 20％増加するならば，予想利益はいくらになるか求めなさい。

問４　安全余裕率を 40％以上にするためには，少なくともどれだけの売上高が必要となるかを求めなさい。

◆確認問題

8－3　A社の今年度の利益計画を反映した見積損益計算書は次のとおりである。販売単価を￥50引き上げた場合の営業利益を求めなさい。

損益計算書

売上高	@￥600 × 5,000個	3,000,000
変動費	@￥270 × 5,000個	1,350,000
固定費		800,000
営業利益		850,000

販売単価を￥50引き上げた場合の営業利益	￥

8－4　B社の今年度の利益計画を反映した見積損益計算書は次のとおりである。販売量が1,000個増加した場合の営業利益を求めなさい。

損益計算書

売上高	@￥400 × 8,000個	3,200,000
変動費	@￥200 × 8,000個	1,600,000
固定費		900,000
営業利益		700,000

販売量が1,000個増加した場合の営業利益	￥

8－5　C社の今年度の利益計画を反映した見積損益計算書は次のとおりである。よって，下記の問いに答えなさい。

損益計算書

売上高	@￥700 × 10,000個	7,000,000
変動費	@￥385 × 10,000個	3,850,000
固定費		1,800,000
営業利益		1,350,000

①　損益分岐点売上高を求めなさい。
②　変動費を単位あたり￥35引き下げた場合の営業利益を求めなさい。
③　上記②の場合の損益分岐点売上高を求めなさい。

①	￥	②	￥	③	￥

8－6　D社は，製品Zの製造・販売を行っており，当月の業績は次のとおりである。よって，下記の問いに答えなさい。

［資料］

1．製品の販売単価　@ ¥800
2．当月の販売量　7,000 個
3．月間固定費　¥1,600,000
4．製品1個あたりの変動費

直接材料費，労務費	¥250
変動製造間接費	¥100
変動販売費	¥ 50
合計	¥400

① 損益分岐点における売上高と販売量を求めなさい。
② 次月に販売量が10％増加するならば，予想利益はいくらになるか求めなさい。
③ 次月に販売単価を10％増加するならば，予想利益はいくらになるか求めなさい。
④ 安全余裕率を50％以上にするためには，どれだけの売上高が必要となるか求めなさい。

①	¥　　　　（　　　個）	②	¥
③	¥	④	¥

8－7　E社は，製品Yの製造・販売を行っており，当期の業績は次のとおりである。よって，下記の問いに答えなさい。

［資料］

1．製品の販売単価　@ ¥1,500
2．当期の販売量　4,000 個
3．年間固定費　¥2,100,000
4．製品1個あたりの変動費

直接材料費，労務費	¥250
変動製造間接費	¥150
変動販売費	¥ 50
合計	¥450

① 現状における営業利益と安全余裕率を求めなさい。
② 次期に販売量が20％減少した場合の予想利益と安全余裕率を求めなさい。
③ 次期に販売価格を20％引き下げた場合の予想利益と安全余裕率を求めなさい。

①	¥　　　　（　　　％）	②	¥　　　　（　　　％）
③	¥　　　　（　　　％）		

9章 最適セールス・ミックスの決定

▶教科書p.78〜84

●要点整理

1　最適セールス・ミックスと利益の最大化

セールス・ミックス…多品種の製品を企業で，それぞれの製品をどれだけ生産・販売するかの組み合わせをいい，プロダクト・ミックスともよばれる

最適セールス・ミックス…さまざまな制約条件の中で，収益を最大化する製品の組み合わせ

制約条件…企業が保有する生産能力（操業度），調達する原材料や労働力などの条件

2　制約条件が一つの場合の最適セールス・ミックスの決定

制約条件が一つの場合…直接原価計算を活用して，貢献利益が最大となる製品を優先して生産・販売（固定費の検討は不要）

●手順1　各製品の貢献利益の算定

各製品の単位あたり貢献利益 ➡ 制約条件あたり貢献利益 ➡ 順位付け

●手順2　セールス・ミックスの決定

制約条件の範囲内で，各製品の生産・販売量を順位にしたがって計画

●手順3　最適セールス・ミックスのもとでの予想利益額

3　制約条件が複数の場合の最適セールス・ミックスの決定

制約条件が複数の場合…線形計画法を活用して，利益が最大となる最適セールス・ミックスで各製品を生産・販売

線形計画法…1次式（線形）で表現されるすべての制約条件を満たしたうえで，利益の最大化（原価の最小化）を達成する経営資源の最適な組み合わせを計算する手法

●手順

各製品の単位あたり貢献利益 ➡ 目的関数 ➡ 制約条件

※目的関数の変数が二つの場合，図解法で求めることもできる

◆練習問題

9－1　次の文の［　　］の中に最も適当な語を記入しなさい。

①　最適［　ア　］の決定は，経営をとりまくさまざまな［　イ　］のもとで，収益を最大化する製品の組み合わせを選択することを意味する。

②　制約条件が一つだけの場合は，［　ウ　］を活用し，［　エ　］が最大になる製品を優先的に生産するという選択を行う。

③　複数の制約条件を検討しなければならない場面では，［　オ　］による検討が行われる。このうち，制約条件が二つの場合には，［　カ　］によって目的関数の解を求めることができる。

ア	イ	ウ
エ	オ	カ

9－2 D社はxとyの2種類の製品を製造・販売している。次の［資料］により，下記の問いに答えなさい。

［資料］

	製品x	製品y
販売価格	¥2,500	¥3,000
予想需要量	1,500 個	2,000 個
単位あたり変動費	¥800	¥1,200
S型機械稼働時間	4時間	5時間

最大可能機械稼働時間　10,000 時間

問1　製品xと製品yの最大予想需要量を生産した場合に必要なS型機械稼働時間と（　　）にあてはまる語句（漢字4字）を答えなさい。

> 必要なS型機械稼働時間は（　　　　　　）時間で，最大可能機械稼働時間 10,000 時間を超えるので，S型機械稼働時間が（　　　　　）である。

問2　各製品の単位あたり貢献利益を答えなさい。

製品x	円	製品y	円

問3　各製品のS型機械稼働時間あたり貢献利益を答えなさい。

製品x	円	製品y	円

問4　問3の結果をもとに優先順位をふまえて，最適セールス・ミックスとなる各製品の生産・販売量を答えなさい。

製品x	個	製品y	個

問5　問4で求めた最適セールス・ミックスが実現できた場合の貢献利益を求めなさい。

貢献利益	円

◆確認問題

9－3　次の文の［　　］の中に最も適当な語を記入しなさい。

① 経営をとりまくさまざまな制約条件のもとで，収益を［　ア　］する製品の組み合わせを選択することを最適セールス・ミックスという。短期利益計画では，生産能力や機械設備を大きく変更できないため，どの製品の生産に力を入れるべきかを考える必要がある。どのような製品を組み合わせるかによって大きく［　イ　］が変わることに注目する。

② 制約条件が［　ウ　］の場合には，直接原価計算を活用し，［　エ　］を最大にする製品を優先的に生産するという選択を行う。

③ 制約条件が複数の場合は，［　エ　］を基礎とする分析では正確な解答が導けないため，［　オ　］を用いた検討が行われる。

ア	イ	ウ
エ	オ	

9－4　A社は，3種類の製品X，Y，Zを生産・販売している。各製品に関するデータは次の［資料］のとおりである。同社の最大可能操業度が21,000時間であったとして，利益を最大化するには，X，Y，Zの各製品をそれぞれどれだけ生産すべきか答えなさい。

［資料］

	X	Y	Z
販売価格	¥900	¥1,200	¥1,500
予想需要量	3,400 個	2,500 個	2,300 個
単位あたり変動費	¥450	¥480	¥840
直接作業時間	3 時間	4 時間	4 時間

X	個	Y	個	Z	個

9－5　B社は，2種類の製品X，Yを生産・販売している。各製品に関するデータは次の［資料］のとおりである。利益を最大化するX，Yの生産量を答えなさい。

［資料］

	X	Y
販売価格	¥10,000	¥7,000
単位あたり変動費	¥4,000	¥3,500
単位あたり貢献利益	¥6,000	¥3,500
第1工程での単位あたり加工時間	3 時間	2 時間
最大可能作業時間	12,000 時間	
第2工程での単位あたり加工時間	2 時間	1 時間
最大可能作業時間	6,900 時間	

X	個	Y	個

9－6　C社は，2種類の製品X，Yを生産・販売している。次の［資料］から，①利益を最大化するX，Yの生産量　②最適なセールス・ミックスのもとで得られる営業利益を計算しなさい。

［資料］

	X	Y
販売価格	¥2,000	¥4,000
予想需要量	3,000個	2,000個
単位あたり変動費	¥700	¥1,500
Q材料消費高	2.5kg	5kg

Q材料最大可能消費高　12,000kg

期間中の固定費総額　¥2,800,000

①	X	個	Y	個
②	¥			

9－7　D社は，3種類の製品X，Y，Zを生産・販売している。次の［資料］から，①利益を最大化するX，Y，Zの生産量　②最適なセールス・ミックスのもとで得られる営業利益を計算しなさい。

［資料］

	X	Y	Z
販売価格	¥1,200	¥1,000	¥700
予想需要量	2,500個	2,000個	3,000個
単位あたり変動費	¥420	¥400	¥210
R材料消費高	2kg	1kg	1.5kg

R材料最大可能消費高　8,500kg

期間中の固定費総額　¥2,000,000

①	X	個	Y	個	Z	個
②	¥					

9－8　E社は，2種類の製品X，Yを生産・販売している。次の［資料］から，①利益を最大化するX，Yの生産量　②最適なセールス・ミックスのもとで得られる営業利益を計算しなさい。

［資料］

	X	Y
販売価格	¥5,000	¥4,000
単位あたり変動費	¥2,400	¥2,000
S材料消費高	5kg	3kg

S材料最大可能消費高　16,000kg

	X	Y
T機械加工時間	2時間	2時間

T機械最大可能稼働時間　10,000時間

期間中の固定費総額　¥6,000,000

①	X	個	Y	個
②	¥			

◆発展問題

9－9 (株)洲本実業は，x製品とy製品の２種類を生産・販売している。次の［資料］により，下記の問いに答えなさい。

［資料］

	x製品	y製品
販売単価	*8,000* 円	*6,000* 円
1個あたりの変動費	*3,600* 円	*3,000* 円
1個あたりの材料消費量	8kg	4kg
材料最大可能消費量	18,000kg	
1個あたりの機械加工時間	4時間	8時間
機械最大可能稼働時間	12,000時間	
固定費総額	*5,000,000* 円	

※x製品・y製品の需要は十分に存在する。

問1　利益を最大化するx製品，y製品の生産量を答えなさい。

x 製 品	個	y 製 品	個

問2　最適なセールス・ミックスで得られる営業利益を答えなさい。

円

9－10　ＤＤ産業(株)は，製品甲・乙・丙を製造・販売している。いずれの製品も共通の機械を使用して加工しており，この機械の年間最大使用可能時間は 32,000 時間である。よって，次の［資料］により，下記の問いに答えなさい。

［資料］

	製品甲	製品乙	製品丙
販売単価	5,400 円	4,000 円	3,000 円
単位あたり変動製造原価	2,800 円	2,200 円	1,800 円
単位あたり変動販売費	400 円	360 円	200 円
単位あたり機械加工時間	4 時間	3 時間	2 時間
予想最大需要量	3,200 個	4,800 個	6,000 個
期間中の固定費総額	4,000,000 円		

問１　営業利益を最大化する製品甲・乙・丙の最適セールス・ミックス（製造数量）を答えなさい。

製 品 甲	個	製 品 乙	個	製 品 丙	個

問２　最適セールス・ミックスのもとで得られる営業利益を答えなさい。

円

問３　製品丙においては来期，販売単価を値下げする可能性がある。製品丙の販売単価がいくら（何円）を下回った場合，問１の最適セールス・ミックスが変化するか答えなさい。ただし，製品丙の販売単価以外の条件に変更はないものとする。

円

10章 企業予算の編成

▶教科書p.86～104

●要点整理

1 予算編成と予算統制

予算編成…利益計画が対象とした企業活動を会計数値で表し，企業全体としての活動成果を明らかにする作業

予算統制…予算にしたがった企業活動の成果を測定し，予算に照らして企業活動を評価する活動

予算管理…予算編成および予算統制を中心とする活動

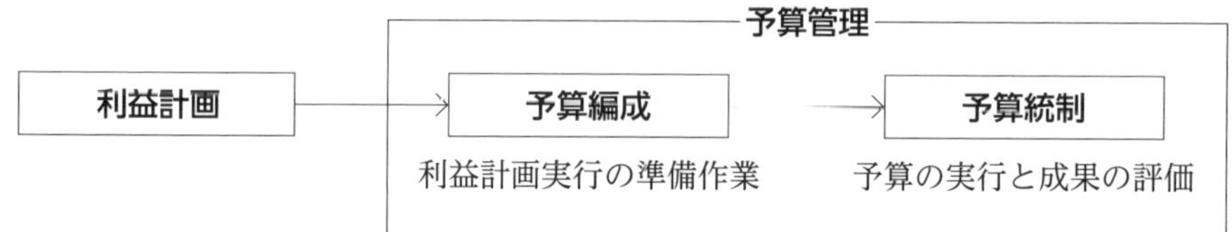

2 企業予算の体系と種類

企業予算…部門予算と統合予算，損益予算と財務予算に区分される

部門予算…利益目標の達成に向けて，各部門の具体的な活動を表す予算

総合予算…部門予算を統合して企業全体の成果を表すように編成される予算

損益予算…詳細は5

財務予算…詳細は6

3 予算期間と予算管理の支援部門

予算期間…企業の会計期間にあわせて最長１年，半期や四半期，月次ごとなど

予算委員会…予算編成および予算統制が効果的に実施できるよう，経営者および予算執行に責任ある部署の代表者で構成される委員会

4 企業予算の編成プロセス

経営者による予算編成方針の作成 ➡ 予算編成方針の各部門への伝達
➡ 各部門における部門予算原案の作成 ➡ 部門予算原案の審議・調整
➡ 予定財務諸表の作成

予算編成方針…利益目標のみならず，目標決定の前提となった諸条件，目標達成の全般的戦略や各部門に託す期待などが盛り込まれ，各部門における予算編成を支援するためのもの

5 損益予算の編成

●損益予算の手順と概略

販売予測 ➡ 売上高予算（基礎予算）
➡ 製造高予算と在庫予算・製造原価予算・販売費及び一般管理費予算

販売予測…過去の売上高に，予算期間における市場の動向，一般的経済情勢，予算期間に生じる経営戦略の影響などを加味しておこなわれ，次のような式が用いられる

次期販売予測額＝(前期売上高±次期売上高増減)×経済情勢実現指数
×経営者判断による実現指数

製造高予算…売上高予算にもとづいて，期首と期末の製品在庫量を考慮しながら，次のような式で求められる

製品製造必要量＝売上高予算の販売必要量＋期末製品在庫量－期首製品在庫量

製造原価予算…標準原価カードなどにもとづいて，直接材料費・直接労務費・製造間接費の予算が見積もられる

※費目によっては，細かな予測・見積もりの過程を経ず，経営者などが予算を割り当てる（割当型予算）場合がある

6 財務予算の編成

財務予算…長期財務予算（資本支出・資本調達予算）と短期財務予算（現金収支予算と信用予算）で構成

資本支出・資本調達予算…設備投資などにかかわる予算期間内の資本支出と，その資金調達および返済計画を対象とした予算（第 14 章参照）

現金収支予算…予算期間における現金の収入と支出の予算

信用予算（受取勘定予算）…売掛金や買掛金，手形取引，金融機関からの資金の借入・返済といった債権・債務にかかわる予算

7 予定損益計算書と予定貸借対照表

予定損益計算書…企業の収益性という観点から，各部門の損益予算案が調整されてまとめられた財務諸表

予定貸借対照表…さまざまな財務予算案が調整されてまとめられた財務諸表

◆練習問題

10－1　次の文の［　　］の中に最も適当な語を記入しなさい。

① 予算にしたがった企業活動の成果を測定し，予算に照らして企業活動を評価する活動を［ ア ］という。

② 企業予算は，部門活動を対象とした［ イ ］と，それらをまとめた総合予算に大別される。

③ 予算は，損益予算と財務予算に分けることもでき，損益予算は最終的には［ ウ ］にまとめられ，財務予算は最終的には［ エ ］にまとめられる。

ア	イ	ウ

エ

10－2　前四半期の売上高 *¥1,170,000*，次期における季節変動の影響による売上高増加見込額 *¥110,000*，経済予測担当者の観測による予測実現の可能性 92%，経営者の期待する実現期待値 115% を最終的に加味した場合の販売予測額を計算しなさい。

¥

10－3　次の［資料］により，製品製造必要量を答えなさい。

［資料］

販売予測にもとづく販売必要量：1,200 単位

期首製品在庫量：120 単位

期末製品予定在庫量：150 単位

単位

10－4　販売予測に関する［資料］により，各問いに答えなさい。

［資料］

1．販売単価

製品A：@ *¥600*　　製品B：@ *¥500*

2．販売数量

	第1四半期	第2四半期	第3四半期	第4四半期	合　計
製 品 A	2,500 個	2,400 個	2,500 個	2,600 個	10,000 個
製 品 B	2,900 個	3,000 個	3,100 個	3,000 個	12,000 個

3．第1四半期の製品の期首在庫量

製品A：250 個　　製品B：290 個

4．各四半期の製品の期末予定在庫量

	第1四半期	第2四半期	第3四半期	第4四半期
製 品 A	240 個	250 個	260 個	250 個
製 品 B	300 個	310 個	300 個	290 個

問1　売上高予算表の（　　）にあてはまる金額を答えなさい。

売 上 高 予 算 表

令和 x 年第1四半期～令和 x 年第4四半期　　（単位：円）

	第1四半期	第2四半期	第3四半期	第4四半期	合　計
製 品 A	（ ア ）	（ ）	（ ）	（ ）	（ ）
製 品 B	（ ）	（ イ ）	（ ）	（ ）	（ ）
合　計	（ ）	（ ）	（ ウ ）	（ ）	（ エ ）

ア	イ
ウ	エ

問２　製品製造必要量の（　　）にあてはまる数字を答えなさい。

製品製造必要量

令和ｘ年第１四半期～令和ｘ年第４四半期

	第１四半期	第２四半期	第３四半期	第４四半期	合　計
製品Ａ					
予定販売量	2,500 個	2,400 個	2,500 個	2,600 個	10,000 個
期末製品在庫量	（　ア　）個	（　　）個	（　　）個	（　　）個	（　　）個
合　計	（　　）個	（　イ　）個	（　　）個	（　　）個	（　　）個
期首製品在庫量	（　　）個	（　　）個	（　ウ　）個	（　　）個	（　　）個
製品製造必要量	（　　）個	（　　）個	（　　）個	（　　）個	（　　）個
製品Ｂ					
予定販売量	2,900 個	3,000 個	3,100 個	3,000 個	12,000 個
期末製品在庫量	（　　）個	（　　）個	（　　）個	（　　）個	（　　）個
合　計	（　　）個	（　　）個	（　　）個	（　　）個	（　　）個
期首製品在庫量	（　　）個	（　　）個	（　　）個	（　　）個	（　　）個
製品製造必要量	（　　）個	（　　）個	（　　）個	（　エ　）個	（　オ　）個

ア	イ
ウ	エ
オ	

10－5　次の［資料］により，各問いに答えなさい。

［資料］

1．各四半期の製品製造必要量

	第１四半期	第２四半期	第３四半期	第４四半期	合　計
製 品 A	2,500 個	2,400 個	2,500 個	2,600 個	10,000 個
製 品 B	2,900 個	3,000 個	3,100 個	3,000 個	12,000 個

2．製品別標準原価カード

費　用	製品 A			製品 B		
	標準単価	数量／時間	標準原価	標準単価	数量／時間	標準原価
直接材料費	¥50	5 kg	¥250	¥60	4 kg	¥240
直接労務費	¥80	2 時間	¥160	¥80	3 時間	¥240
製造間接費	¥60	2 時間	¥120	¥60	3 時間	¥180
	製品１個あたりの標準原価		¥530	製品１個あたりの標準原価		¥660

3．第１四半期の材料の期首在庫量

製品Ａ：2,500kg　　製品Ｂ：2,320kg

4．各四半期の材料の期末予定在庫量

	第１四半期	第２四半期	第３四半期	第４四半期
製 品 A	2,400kg	2,500kg	2,600kg	2,500kg
製 品 B	2,400kg	2,480kg	2,400kg	2,320kg

問１　製造原価予算表の（　　）にあてはまる数字を答えなさい。

製 造 原 価 予 算 表

令和 x 年第１四半期～令和 x 年第４四半期　　（単位：円）

	第１四半期	第２四半期	第３四半期	第４四半期	合　計
製品A					
直接材料費	（　ア　）	（　　）	（　　）	（　　）	（　　）
直接労務費	（　　）	（　イ　）	（　　）	（　　）	（　　）
製造間接費	（　　）	（　　）	（　ウ　）	（　　）	（　　）
合　計	（　　）	（　　）	（　　）	（　　）	（　　）
製品B					
直接材料費	（　　）	（　　）	（　　）	（　　）	（　　）
直接労務費	（　　）	（　　）	（　　）	（　　）	（　　）
製造間接費	（　　）	（　　）	（　　）	（　エ　）	（　　）
合　計	（　　）	（　　）	（　　）	（　　）	（　オ　）

ア	イ
ウ	エ
オ	

問２　材料仕入予算表の（　　）にあてはまる数字を答えなさい。

材料仕入予算表

令和ｘ年第１四半期〜令和ｘ年第４四半期

	第１四半期	第２四半期	第３四半期	第４四半期	合　計
製品Ａ					
材料消費量	（　ア　）kg	（　　）kg	（　　）kg	（　　）kg	（　　）kg
期末材料在庫量	（　　）kg	（　イ　）kg	（　　）kg	（　　）kg	（　　）kg
合　計	（　　）kg	（　　）kg	（　ウ　）kg	（　　）kg	（　　）kg
期首材料在庫量	（　　）kg	（　　）kg	（　　）kg	（　　）kg	（　　）kg
材料購入必要量	（　　）kg	（　　）kg	（　　）kg	（　　）kg	（　　）kg
仕入予算	￥（　　）	￥（　　）	￥（　　）	￥（　　）	￥（　　）
製品Ｂ					
材料消費量	（　　）kg	（　　）kg	（　　）kg	（　　）kg	（　　）kg
期末材料在庫量	（　　）kg	（　　）kg	（　　）kg	（　　）kg	（　　）kg
合　計	（　　）kg	（　　）kg	（　　）kg	（　　）kg	（　　）kg
期首材料在庫量	（　　）kg	（　　）kg	（　　）kg	（　エ　）kg	（　　）kg
材料購入必要量	（　　）kg	（　　）kg	（　　）kg	（　　）kg	（　オ　）kg
仕入予算	￥（　　）	￥（　　）	￥（　　）	￥（　　）	￥（　カ　）

ア	イ
ウ	エ
オ	カ

◆確認問題

10－6　次の［資料］により，各問いに答えなさい。

［資料］

1．販売単価

製品甲：@ *1,000* 円　　製品乙：@ *800* 円

2．販売予測にもとづいた販売数量

	第1四半期	第2四半期	第3四半期	第4四半期	合　計
製 品 甲	1,200 個	1,250 個	1,300 個	1,250 個	5,000 個
製 品 乙	1,500 個	1,550 個	1,450 個	1,600 個	6,100 個

3．製品別標準原価カード

製品別標準原価カード　（単位：円）

費　目	製　品　甲			製　品　乙		
	数量または時間	標準単価	標準原価	数量または時間	標準単価	標準原価
直接材料費	5 kg	*50*	*250*	4 kg	*60*	*240*
直接労務費	2 時間	*80*	*160*	1 時間	*80*	*80*
製造間接費	2 時間	*60*	*120*	1 時間	*60*	*60*
標 準 原 価			*530*			*380*

4．第1四半期における各製品の期首在庫量

製品甲：100 個　　製品乙：150 個

5．各四半期における各製品の期末在庫量

	第1四半期	第2四半期	第3四半期	第4四半期
製 品 甲	100 個	100 個	100 個	100 個
製 品 乙	150 個	100 個	150 個	150 個

問1　第1四半期における売上高予算表に記載される各製品の売上高を計算しなさい。

製　品　甲	製　品　乙
円	円

問2　第2四半期における各製品の製品製造必要量を計算しなさい。なお，製品甲および製品乙とも，仕掛品はないものとする（以下，同じ）。

製　品　甲	製　品　乙
個	個

問３　第３四半期における製造原価予算表に記載される下記の金額を計算しなさい。

製品甲の直接材料費	製品乙の直接労務費
円	円

問４　第４四半期における材料仕入予算表に記載される下記の kg および金額を計算しなさい。

製品甲の製造に必要な材料購入量	製品乙の製造に必要な材料仕入予算
kg	円

問５　第１四半期における信用予算表の（　　）にあてはまる金額を計算しなさい。なお，製品の販売についてはすべて掛取引でおこなっている。

信用予算表　　（単位：円）

摘　　要	売 掛 金
期首有高	*55,000*
期中売上による増加	（　ア　）
現金による回収	（　イ　）
期末有高	*57,000*

ア	イ
円	円

問６　第４四半期における信用予算表の（　　）にあてはまる金額を計算しなさい。なお，材料の仕入れについてはすべて掛取引でおこなっている。

信用予算表　　（単位：円）

摘　　要	買 掛 金
期首有高	*38,500*
期中仕入による増加	（　ウ　）
現金による支払い	*699,000*
期末有高	（　エ　）

ウ	エ
円	円

◆発展問題

10−7　次の［資料］により，下記の問いに答えなさい。ただし，労務費の計算期間と原価計算期間は一致しており，［資料］の条件以外は考慮しない。なお，減価償却費以外の費用は，すべて現金支出費用であり，発生時に支払われるものとする。

［資料］

1．損益予算

製品別販売予算

販売予算			
製品	甲	乙	合計
販売数量	24,000個	（ア）個	？個
販売単価	*2,030*円	*870*円	

2．製造予算

製品別標準原価カード　（単位：円）

費目	製品甲			製品乙		
	数量または時間	標準単価	標準原価	数量または時間	標準単価	標準原価
直接材料費	2kg	*480*	*960*	1kg	*160*	*160*
直接労務費	2時間	*160*	*320*	2時間	*160*	*320*
製造間接費	2時間	*60*	*120*	2時間	*60*	*120*
標準原価			*1,400*			*600*

製品甲　期首仕掛品棚卸数量　1,000個　（加工進捗度35%）
　　　　期末仕掛品棚卸数量　1,300個　（加工進捗度50%）
　　　　期首製品棚卸数量　1,800個
　　　　期末製品棚卸数量　1,500個
製品乙　期首仕掛品棚卸数量　2,000個　（加工進捗度40%）
　　　　期末仕掛品棚卸数量　1,500個　（加工進捗度20%）
　　　　期首製品棚卸数量　1,000個
　　　　期末製品棚卸数量　500個

ただし，期首の仕掛品および製品も同じ標準原価を用いている。

3．財務予算

(1)　現金収支予算

期首手元有高　*12,168,000*円

現金収入：製品売上　*10,140,000*円　受取手形の回収　*21,080,000*円
　　　　　売掛金の回収　*49,196,000*円

現金支出：支払手形の決済　*10,214,000*円　買掛金の支払　*9,132,000*円
　　　　　材料仕入　*10,944,000*円　直接労務費　（イ）円
　　　　　製造間接費　*6,000,000*円　販売費　*8,578,000*円
　　　　　一般管理費　*6,542,000*円　工具器具備品の購入　*2,952,000*円
　　　　　利息の支払　*224,000*円

⑵ 信用予算

受取手形：	期首有高	*2,470,000* 円	期中売上による増加	*22,572,000* 円
	現金による満期回収	（　　　）円	期末有高	（　　　）円
売掛金：	期首有高	*7,680,000* 円	期中売上による増加	（　　　）円
	現金による回収	（　　　）円	期末有高	*7,552,000* 円

4．その他のデータ

減価償却費明細　　(単位：円)

資産の種類	製造経費	販売費	一般管理費	合計
建物	（　　　）	（　　　）	（　　　）	*990,000*
機械設備	*462,000*	—	—	*462,000*
工具器具備品	（　　　）	*140,800*	（　　　）	（　　　）
	1,320,000	（　　　）	（　　　）	（　　　）

ただし，建物と工具器具備品の減価償却費のうち，60％を製造経費，32％を販売費，8％を一般管理費として見積もっている。

問１　［資料］の（ア）製品乙の販売数量，（イ）直接労務費の金額を答えなさい。

ア	イ
個	円

問２　予定損益計算書を完成しなさい。

予定損益計算書

令和○年第１四半期　　(単位：円)

製品	製品甲	製品乙	合計
売上高	（　　　）	（　　　）	（　　　）
売上原価	（　　　）	（　　　）	（　　　）
売上総利益	（　　　）	（　　　）	（　　　）
販売費			（　　　）
支払利息			（　　　）
当期純利益			（　　　）

10－8　全部標準原価計算を採用しているＳＭＺ製作所の［資料］により，下記の問いに答えなさい。

［資料］

1．損益予算

製　　品	S	P	合　計
販売数量	5,100 個	1,900 個	7,000 個
販売単価	4,000 円/個	(　　　)円/個	
売上原価率	65%	50%	
期首製品棚卸数量	400 個	100 個	
期末製品棚卸数量	300 個	200 個	

なお，すべて掛けで販売しており，売上高の 15%を販売費及び一般管理費として見積もっている。

2．製造予算

(1)　製品別原価標準

製品別標準原価カード　　（単位：円）

費　目	製　品　S			製　品　P		
	数量または時間	標準単価	標準原価	数量または時間	標準単価	標準原価
直接材料費	6 kg	*150*	*900*	4 kg	*250*	*1,000*
直接労務費	2 時間	*650*	*1,300*	3 時間	*650*	*1,950*
製造間接費	2 時間	*200*	*400*	3 時間	*200*	*600*
標 準 原 価			*2,600*			*3,550*

なお，期首の在庫製品も同じ標準原価を用いており，期首･期末の仕掛品はないものとする。

(2)　材料

材　料	E（製品Ｓ用）	B（製品Ｐ用）
購入単価	*150* 円/kg	*250* 円/kg
期首棚卸数量	3,000kg	500kg
期末棚卸数量	2,000kg	700kg

3．販売費及び一般管理費予算

(1)　販売費予算

費　　目	
販売員給料手当	*770,000*
広告宣伝費	(　　　　　)
発送費	*490,850*
交通費	*135,250*
減価償却費	*285,000*
	(　　　　　)

(2)　一般管理費予算

費　　目	
事務職員給料手当	*1,428,500*
通信費	*537,500*
租税公課	*6,750*
保険料	*9,000*
雑費	*2,150*
減価償却費	(　　ア　　)
	(　　　　　)

なお，販売費及び一般管理費は販売費が 60%，一般管理費が 40%の割合で計上する。

4．財務予算の一部

材料・仕入債務　（単位：円）

摘　　要	買 掛 金
期首有高	*1,150,000*
期中の仕入による増加	（　　　　）
現金による支払い	（　イ　）
期末有高	*1,050,000*

問1　予定損益計算書に計上する下記の金額を答えなさい。

売上高	円
当期製品製造原価	円
減価償却費（　ア　）	円
営業利益	円

問2　予定貸借対照表に計上する下記の金額を答えなさい。

現金による支払い（　イ　）	円

11章 予算統制

▶教科書p.105～118

●要点整理

1 予算統制の意義

予算統制…予算にしたがった企業活動の成果を測定し，予算に照らして企業活動を評価する活動（第10章も参照）

●予算コントロール・チャート

編成された予算の各部門への伝達 ➡ 予算達成活動の指導と調整
➡ 実績の測定と予算・実績差異分析（管理会計の主な役割）
➡ 分析結果にもとづく活動の是正措置 ➡ 実績に照らした管理者の業績評価

2 予算実績差異分析

予算実績差異分析の目的…予算実績差異分析を予算執行に責任を持つ部門に改善措置として伝達し，次期の活動改善に役立てるため

●予算実績差異分析の方法（原価差異分析の図）

売上高予算差異の分析

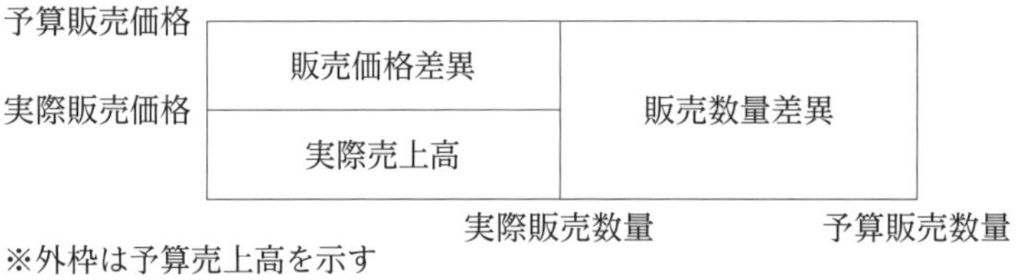

予算販売価格	販売価格差異	販売数量差異
実際販売価格	実際売上高	
	実際販売数量	予算販売数量

※外枠は予算売上高を示す

販売数量差異＝(実際販売数量－予算販売数量)×予算販売価格

販売価格差異＝(実際販売価格－予算販売価格)×実際販売数量

※原価差異の分析とは反対に，実績値から予算値を控除して計算することで，不利差異の場合に負の値（マイナス）となる点に注意

セールスミックス差異の分析

予算販売価格	販売価格差異	販売数量差異
実際販売価格	実際売上高	

販売数量差異の内訳：

セールスミックス差異	総販売量差異

**セールスミックス差異＝予算販売単価
×(実際販売数量－実際販売総量×予算セールスミックス)**

**総販売量差異＝予算販売単価
×(実際販売総量×予算セールスミックス－予算販売数量)**

売上原価差異の分析

売上原価価格差異＝(予算売上単位原価－実際売上単位原価)×実際販売数量

売上原価数量差異＝(予算販売数量－実際販売数量)×予算売上単位原価

※原価差異の分析図は標準原価差異分析における直接材料費差異および直接労務費差異の分析と基本的には同じため省略

販売費及び一般管理費予算差異の分析

差異分析の方法を応用するが，以下の点に注意する必要がある

販売費…費目を選ぶ，固定費と変動費により分析，注文獲得費または注文履行費や部門別または販売店別などを考慮して分析

一般管理費…期間総額を対象にした予算差異分析だけではなく，販売費と同様な注意が必要

現金収支予算差異の分析

期首現金有高＋期中現金収入高－期中現金支出高＝期末現金残高

➡ この関係を表にしたものを**資金繰り表**という

3 直接原価計算による予算実績差異分析

直接原価計算による売上原価差異の分析…変動売上原価のみが対象となる点を除いて，全部原価計算による分析と同じ

直接原価計算による販売費差異の分析

変動販売費予算差異＝(変動販売費単位予算額－変動販売費単位実際額)×実際販売数量

変動販売費数量差異＝(予算販売数量－実際販売数量)×変動販売費単位予算額

4 資金運用表の利用

資金運用表…正味運転資本の増減を指標として，現金収支を超えるより幅広い資金の動きを管理する用具

正味運転資本…流動資産－流動負債　または ｛固定負債＋資本(純資産)｝－固定資産

5 予算報告書の作成と利用

予算報告書…企業活動の是正措置や業績評価に用いられるが，単に差異額だけに注目するのではなく，差異の原因解明や差異の妥当性を検討するための資料

6 予算統制のタイミング

フィードバック…活動目標を設定し，目標達成に向けて活動し，同時に活動から得られる結果に照らして活動を統制または制御して目標達成をさせようとすること

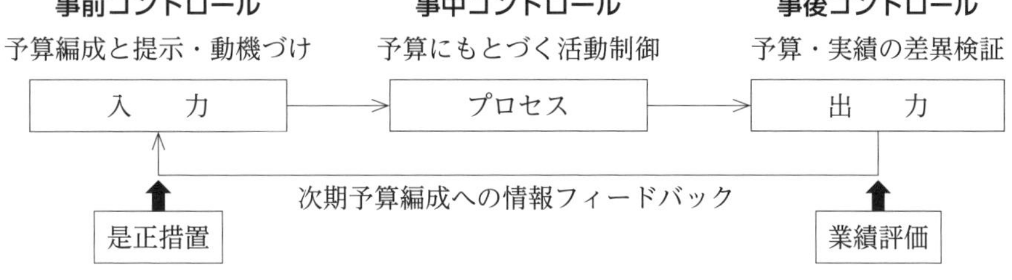

◆練習問題

11－1　次の文の[　　　]の中に最も適当な語を記入しなさい。

①　予算統制の基本目的は，管理活動の[　ア　]または[　イ　]である。

②　予算統制は，[　ウ　]と[　エ　]との比較検討にもとづく，効果的な経営管理活動である。

③　予算統制は，[　オ　]を明らかにするだけでなく，その原因を明らかにすることが重要である。

ア	イ	ウ
エ	オ	

11－2　次の［資料］にもとづいて，売上高予算差異を分析しなさい。

［資料］

製品別販売予算				製品別販売実績			
製　品	G	H	合計	製　品	G	H	合計
販売数量	700 個	600 個	1,300 個	販売数量	780 個	540 個	1,320 個
販売価格	*960* 円	*720* 円		販売価格	*840* 円	*780* 円	

販売数量差異	G製品　　　　円	H製品　　　　円
販売価格差異	G製品　　　　円	H製品　　　　円

注意　不利な差異にはマイナス（－）を付けること。

11－3　次の［資料］にもとづいて，売上原価差異を分析しなさい。

［資料］

製品別販売予算				製品別販売実績			
製　品	G	H	合計	製　品	G	H	合計
販売数量	700 個	600 個	1,300 個	販売数量	780 個	540 個	1,320 個
売上単位原価	*600* 円	*480* 円		売上単位原価	*580* 円	*600* 円	

売上原価価格差異	G製品　　　　円	H製品　　　　円
売上原価数量差異	G製品　　　　円	H製品　　　　円

注意　不利な差異にはマイナス（－）を付けること。

11－4　第１四半期の製品別の予算と実績に関する次の［資料］により，各問いに答えなさい。

［資料］

	実　績			予　算		
製　品	甲製品	乙製品	合　計	甲製品	乙製品	合　計
販売数量	312個	208個	520個	275個	225個	500個
販売価格	*750*円	*580*円		*800*円	*600*円	
売上高	*234,000*円	*120,640*円	*354,640*円	*220,000*円	*135,000*円	*355,000*円
セールスミックス	60%	40%	100%	55%	45%	100%

問１　売上高予算差異を分析しなさい。

販売価格差異	甲製品　　円	乙製品　　円
販売数量差異	甲製品　　円	乙製品　　円

注意　不利な差異にはマイナス（－）を付けること。

問２　次の【分析図】の（　　　）にあてはまる数値を記入し，販売数量差異をセールスミックス差異と総販売量差異に分析しなさい。

【分析図】

甲　予算販売単価（　　　）円

乙　予算販売単価（　　　）円

セールスミックス差　異	総販売量差異

甲　実際販売数量（　　　）個　　a（　　　）個　予算（　　　）%　　予算販売数量（　　　）個

乙　実際販売数量（　　　）個　　b（　　　）個　予算（　　　）%　　予算販売数量（　　　）個

計　実際販売総量（　　　）個

※［資料］より（　　）を記入し，aとbは下記のように計算する

a＝実際販売総量×甲製品の予算セールスミックス

b＝実際販売総量×乙製品の予算セールスミックス

セールスミックス差異	甲製品　　円	乙製品　　円
総販売量差異	甲製品　　円	乙製品　　円

注意　不利な差異にはマイナス（－）を付けること。

◆確認問題

11－5　次の［資料］にもとづいて，変動売上原価差異および変動販売費差異を分析しなさい。

［資料］

損益計算書予算・実績報告書

令和×1年第1四半期　(単位：円)

	予　算	実　績	差　異
売　上　高	*1,123,200*	*1,076,400*	*－46,800*
変動売上原価	*554,400*	*599,700*	*－45,300*
変動販売費	*125,400*	*127,320*	*－1,920*
貢献利益	*443,400*	*349,380*	*－94,020*
固定製造間接費	*166,000*	*166,000*	*0*
固定販売費及び一般管理費	*204,000*	*145,000*	*59,000*
営業利益	*73,400*	*38,380*	*－35,020*
支払利息	*12,000*	*12,000*	*0*
純利益	*61,400*	*26,380*	*－35,020*

製品別販売予算				製品別販売実績			
製　品	G	H	合計	製　品	G	H	合計
販売数量	720個	600個	1,320個	販売数量	780個	540個	1,320個
販売単価	*960*円	*720*円		販売単価	*840*円	*780*円	
変動売上単位原価	*420*円	*420*円		変動売上単位原価	*395*円	*540*円	
変動販売費単価	*95*円	*95*円		変動販売費単価	*94*円	*100*円	

変動売上原価価格差異	G製品　　円	H製品　　円
変動売上原価数量差異	G製品　　円	H製品　　円
変動販売費価格差異	G製品　　円	H製品　　円
変動販売費数量差異	G製品　　円	H製品　　円

注意　不利な差異にはマイナス（－）を付けること。

11－6　次の［資料］にもとづいて，下記の①売上高予算差異，②売上原価差異および③売上総利益差異を分析しなさい。

［資料］

1．製品別販売予算

	製品G	製品H
販売数量	1,200 個	900 個
販売価格	*1,350* 円	*700* 円
売上単位原価	*900* 円	*550* 円
予算単位売上総利益	*450* 円	*150* 円

2．製品別販売実績

	製品G	製品H
販売数量	1,270 個	820 個
販売価格	*1,200* 円	*750* 円
売上単位原価	*860* 円	*630* 円
単位売上総利益	*340* 円	*120* 円

①　売上高予算差異

販売数量差異	製品G　　　円	製品H　　　円
販売価格差異	製品G　　　円	製品H　　　円

注意　不利な差異にはマイナス（－）を付けること。

②　売上原価差異

売上原価数量差異	製品G　　　円	製品H　　　円
売上原価価格差異	製品G　　　円	製品H　　　円

注意　不利な差異にはマイナス（－）を付けること。

③　売上総利益差異

販売数量差異	製品G　　　円	製品H　　　円
総利益額差異	製品G　　　円	製品H　　　円

注意　不利な差異にはマイナス（－）を付けること。

◆**発展問題**

11－7　ＫＤＲ金属（株）は，Ｘ製品とＹ製品の製造・販売をおこなっている。当月の予算と実績に関する次の［資料］より，下記の問いに答えなさい。

［資料］

（単位：円）

	製品別販売予算			製品別販売実績		
製　品	X製品	Y製品	合　計	X製品	Y製品	合　計
販売数量	4,675 個	3,825 個	8,500 個	4,200 個	4,500 個	8,700 個
販売単価	*500*	*600*		*600*	*550*	
売上高	*2,337,500*	*2,295,000*	*4,632,500*	*2,520,000*	*2,475,000*	*4,995,000*
売上原価	*1,168,750*	*1,377,000*	*2,545,750*	*1,134,000*	*1,485,000*	*2,619,000*
売上総利益	*1,168,750*	*918,000*	*2,086,750*	*1,386,000*	*990,000*	*2,376,000*

問1　売上高予算差異を分析しなさい。

販売価格差異	X製品　　円	Y製品　　円
販売数量差異	X製品　　円	Y製品　　円

注意　不利な差異にはマイナス（△）を付けること。

問2　売上原価差異を分析しなさい。

売上原価価格差異	X製品　　円	Y製品　　円
売上原価販売数量差異	X製品　　円	Y製品　　円

注意　不利な差異にはマイナス（△）を付けること。

問3　販売数量差異を分析しなさい。

セールスミックス差異	X製品　　円	Y製品　　円
総販売量差異	X製品　　円	Y製品　　円

注意　不利な差異にはマイナス（△）を付けること。

11－8　ＴＮＧ産業（株）は，直接原価計算を採用しており，Ｏ製品とＲ製品の製造・販売をおこなっている。当月の予算と実績に関する次の［資料］により，下記の問いに答えなさい。

［資料］

（単位：円）

	製品別販売予算			製品別販売実績		
製　品	Ｏ製品	Ｒ製品	合　計	Ｏ製品	Ｒ製品	合　計
販売数量	8,800 個	7,200 個	16,000 個	9,900 個	6,600 個	16,500 個
販売単価	*1,000*	*800*		*950*	*780*	
変動売上原価	*600*	*400*		*580*	*420*	
変動販売費	*100*	*100*		*90*	*90*	

問１　売上高予算差異を分析しなさい。

販売価格差異	Ｏ製品　　円	Ｒ製品　　円
販売数量差異	Ｏ製品　　円	Ｒ製品　　円

注意　不利な差異にはマイナス（△）を付けること。

問２　販売数量差異を分析しなさい。

セールスミックス差異	Ｏ製品　　円	Ｒ製品　　円
総販売量差異	Ｏ製品　　円	Ｒ製品　　円

注意　不利な差異にはマイナス（△）を付けること。

問３　変動売上原価差異を分析しなさい。

変動売上原価価格差異	Ｏ製品　　円	Ｒ製品　　円
変動売上原価販売数量差異	Ｏ製品　　円	Ｒ製品　　円

注意　不利な差異にはマイナス（△）を付けること。

問４　変動販売費差異を分析しなさい。

変動販売費予算差異	Ｏ製品　　円	Ｒ製品　　円
変動販売費数量差異	Ｏ製品　　円	Ｒ製品　　円

注意　不利な差異にはマイナス（△）を付けること。

12章 組織構造と責任センター

▶教科書p.120～123

●要点整理

1 業績評価（業績測定）

業績評価…組織の規模が大きくなると経営者が組織内の状況を把握することが困難となるため，経営者は組織を細分化し，自らの分身ともいえる経営管理者に意思決定を委ね，各経営管理者が組織の共通目標の達成に向けてどれだけ貢献しているかのチェック

2 責任会計

責任会計…組織の管理責任と会計上の責任を結びつけて，責任者の業績を明確に測定・評価しようとする仕組み

管理可能性…特定の組織あるいは経営管理者が，その責任範囲内において原価，収益および関連事項に対してもつ影響の大きさ

●４つの責任センター

コスト・センター…原価にのみ管理責任をもつ

レベニュー・センター…収益（売上）にのみ管理責任をもつ

プロフィット・センター…収益と費用に管理責任をもつ

インベストメント・センター…投資決定と収益および費用に管理責任をもつ

3 職能別組織と事業部制組織

職能別組織…製造・販売・研究開発などの各職能（業務上の機能）を部門化し，それぞれの職能領域に限定した意思決定権限と責任を各部門に負わせる組織形態

➡ 規模の小さい企業

➡ 各部門はコスト・センターやプロフィット・センターという位置付け

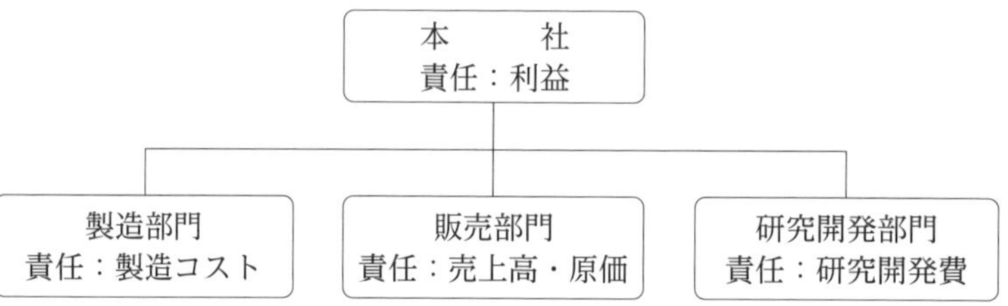

事業部制組織…製造・販売・研究開発などの職能部分を含めた形で製品や市場，顧客単位で設立され，各職能部門間の意思決定の調整を事業部長が行う組織形態

➡ 規模の大きい企業または事業が拡大・多様化している企業

➡ 各事業部はプロフィット・センターやインベストメント・センターという位置付け

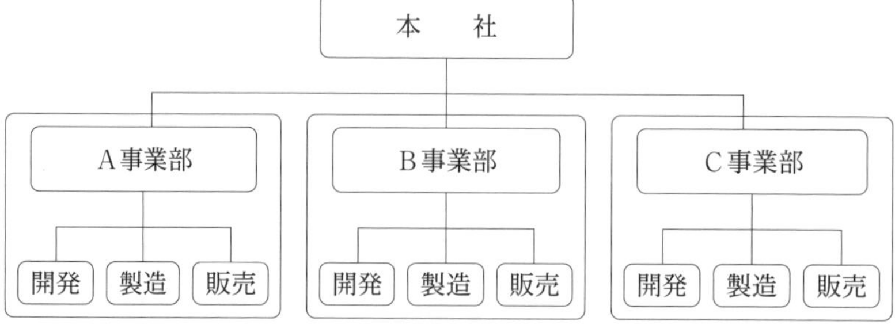

◆練習問題

12－1　次の文の□の中に最も適当な語を記入しなさい。

①　原価にのみ管理責任をもつ責任センターを［ ア ］という。

②　収益と費用だけでなく，投資決定にも管理責任をもつ責任センターを［ イ ］という。

③　組織の管理責任と会計上の責任を結びつけて，責任者の業績を明確に測定・評価しようとする仕組みを［ ウ ］という。

④　企業規模や事業の拡大・多様化に応じて，製品や市場，顧客単位で設定される組織形態を［ エ ］組織という。

ア	イ	ウ

エ

◆確認問題

12－2　次の文の□の中に最も適当な語を記入しなさい。

①　収益（売上）にのみ管理責任をもつ責任センターを［ ア ］という。

②　収益と費用に管理責任をもつ責任センターを［ イ ］という。

③　規模の小さな企業にみられ，製造・販売・研究開発などの各職能を部門化し，それぞれの職能領域に限定した意思決定権限と責任を各部門に負わせる組織形態を［ ウ ］組織という。

④　組織を細分化し，意思決定の権限を与えた経営管理者が組織の共通目標の達成に向けてどれだけ貢献しているかチェックすることを［ エ ］という。

ア	イ	ウ

エ

13章 セグメント別業績評価

▶教科書p.124～128

●要点整理

1 セグメント別業績評価の意義

貢献利益法…責任センター別の業績を評価する具体的な手法で，セグメント別業績評価ともよばれる

セグメント…商品やサービス，部門，地域，顧客層ごとの営業区分

セグメント・マージン…売上高から変動売上原価を差し引いて求められた貢献利益から各セグメントで発生する固有の固定費（個別固定費）を控除した利益で，そのセグメントの責任者の業績評価指標

セグメント営業利益…セグメント・マージンから組織全体の固定費（共通固定費）を控除した利益

2 事業部の業績評価指標

投下資本利益率…事業部の活動によってもたらされた利益（セグメント・マージン）と事業に投下された資本の割合を評価し，事業部がもつ資本を通じてどれだけ効率的に利益を生み出したかを見る指標

$$\text{事業部投下資本利益率} = \frac{\text{セグメント・マージン}}{\text{事業部投下資本}} \times 100$$

残余利益…事業部が生み出した利益から,資本コストを差し引いた利益額(金額)で評価する指標

事業部残余利益＝セグメント・マージン－事業部投下資本×資本コスト

資本コスト…投資案を実行する際に必要な資金を調達するための費用で，資本コスト率ともよばれる

加重平均資本コスト…借入や株式の発行など資金の調達方法はさまざまで，これらの資本コストを平均化したもの（第16章も参照）

◆練習問題

13－1　次の文の［　　］の中に最も適当な語を記入しなさい。

①　商品やサービス，部門，地域，顧客層ごとの営業区分を［　ア　］という。

②　売上高から変動売上原価と変動販売費を差し引いて求められた貢献利益から各セグメントで発生する固有の固定費を控除した利益を［　イ　］という。

③　セグメント・マージンと事業に投下された資本の割合を評価し，事業部がもつ資本を通じてどれだけ効率的に利益を生み出したかを見る指標を［　ウ　］という。

④　事業部が生み出した利益から，資本コストを差し引いた利益額（金額）で評価する指標を［　エ　］という。

ア	イ	ウ

エ

◆確認問題

13－2　次の［　　］の中に最も適当な語を記入しなさい。

① 投資案を実行する際に必要な資金を調達するための費用を［　ア　］という。

② 売上高から変動売上原価と変動販売費を差し引いて求められた［　イ　］から各セグメントで発生する固有の固定費を控除した利益で，そのセグメントの責任者の業績評価指標をセグメント・マージンという。

ア	イ

13－3　次の［資料］により，各事業部に配賦される共通固定費の金額を答えなさい。なお，共通固定費の配賦基準は各事業部の売上高とすること。

［資料］

1．共通固定費：*¥2,400,000*

2．A事業部売上高：*¥3,500,000*

3．B事業部売上高：*¥2,800,000*

4．C事業部売上高：*¥1,500,000*

5．D事業部売上高：*¥1,800,000*

A事業部に配賦される共通固定費	B事業部に配賦される共通固定費
円	円
C事業部に配賦される共通固定費	D事業部に配賦される共通固定費
円	円

13－4　次の［資料］により，各指標を答えなさい。なお，パーセントは小数第１位未満，金額は円未満を四捨五入すること。

［資料］

1．セグメント・マージン：*¥7,500,000*

2．管理可能な投下資本：*¥100,000,000*

3．加重平均資本コスト：５％

事業部投下資本利益率	事業部残余利益
%	円

13－5　次の［資料］により，下記の問いに答えなさい。

［資料］

1．セグメント別データ

	X事業部	Y事業部	Z事業部
売上高	¥30,000,000（500個）	¥37,500,000（500個）	¥27,000,000（300個）
変動売上原価	@¥18,000/個	@¥30,000/個	@¥36,000/個
変動販売費	@¥1,500/個	@¥3,000/個	@¥3,750/個
個別固定費	¥2,025,000	¥3,960,000	¥4,170,000
管理可能投下資本	¥60,000,000	¥75,000,000	¥90,000,000

2．共通固定費　¥3,900,000

3．加重平均資本コスト　6％

問1　セグメント別損益計算書を作成しなさい。なお，共通固定費は各事業部の販売数量を基準に配賦すること。

	X事業部	Y事業部	Z事業部	合計
Ⅰ　売上高	（　　）	（　　）	（　　）	（　　）
Ⅱ　変動売上原価	（　　）	（　　）	（　　）	（　　）
変動製造マージン	（　　）	（　　）	（　　）	（　　）
Ⅲ　変動販売費	（　　）	（　　）	（　　）	（　　）
貢献利益	（　　）	（　　）	（　　）	（　　）
Ⅳ　個別固定費	（　　）	（　　）	（　　）	（　　）
セグメント・マージン	（　　）	（　　）	（　　）	（　　）
Ⅴ　共通固定費	（　　）	（　　）	（　　）	（　　）
セグメント別営業利益	（　　）	（　　）	（　　）	（　　）

問2　X事業部の投下資本利益率と残余利益を求めなさい。なお，投下資本利益率については，％の小数第4位未満を四捨五入すること。

事業部投下資本利益率	残余利益
％	円

14章 経営意思決定の意義とタイプ

▶教科書p.130〜131

●要点整理

1 経営意思決定の意義

意思決定…経営者や経営管理者が，問題（課題）の明確化，問題解決のための代替案を探索・評価・選択すること

代替案…問題解決のための複数の選択肢（第 15 章も参照）

2 経営意思決定のタイプ

業務的意思決定…現在の経営の基本的構造を前提として行われる（短期的な）意思決定

➡ 原価管理や予算統制における原価目標，利益・予算目標の決定など，経常的・定型的な問題に対する意思決定

➡ 新たに顧客からの注文を引き受けるか否か，部品を外注するか自製するかなど，非経常的・非定型的な問題に対する意思決定

構造的意思決定（戦略的意思決定）…経営の基本的な構造の変革を意図した（長期的な）意思決定

➡ 工場や営業所の立地，生産設備の新設・取替・廃棄など，非経常的・非定型的な意思決定

◆練習問題

14−1 次の文の［　　］の中に最も適当な語を記入しなさい。

① ［ア］は，通常，問題の明確化にはじまり，問題解決のための［イ］の探索，［イ］の評価，［イ］の選択というプロセスからなる。

② 一般に経営意思決定とは，短期的な影響を及ぼす［ウ］と長期的な影響を及ぼす［エ］の二つに分けられる。

ア	イ	ウ

エ

◆練習問題

14－2　次の文の［　　］の中に最も適当な語を記入しなさい。

① 意思決定は，通常，［　ア　］にはじまり，問題解決のための代替案の探索，［　イ　］，［　ウ　］というプロセスからなる。

② 一般に経営意思決定は，［　エ　］と［　オ　］の二つに分けられる。

③ 構造的意思決定は，経営の基本的な構造の変革を意図した意思決定であることから［　カ　］ともよばれる。具体的には，工場や営業所などの立地に関する意思決定や，生産設備の新設・［　キ　］・廃棄などに関する意思決定をいう。

④ 業務的意思決定は，現在の経営の基本的構造を前提として行われる意思決定である。例えば，すでに学んだ原価管理や［　ク　］における［　ケ　］や利益・予算目標の決定などである。

ア	イ	ウ
エ	オ	カ
キ	ク	ケ

15章 関連原価分析

▶教科書p.132〜139

●要点整理

1 関連原価と無関連原価

関連原価…ある代替案を実行した場合のみ発生する原価，または，ある代替案と他の代替案における原価の差額（**差額原価**）

増分原価…ある代替案と他の代替案の差額がプラスとなる原価

減分原価…ある代替案と他の代替案の差額がマイナスとなる原価

無関連原価…意思決定では考慮する必要がない，それぞれの代替案に共通して発生する原価

埋没原価…無関連原価の代表例で，過去の意思決定の結果生じた回収不能な原価

未来原価…未来の行動を選択すること（意思決定）に関連する原価という意味で，関連原価（差額原価）の別呼称

付加原価…現金の支出を伴わず，財務会計の記録には現れないが，代替案の優劣を評価する場合には考慮しなければならない原価

➡ 自己資本利子，自己所有資産の賃借料，企業家賃金

回避可能原価…ある代替案を選択した場合に回避できる原価（減分原価）

延期可能原価…経営活動におよぼす影響が少ないため，現時点で支出しなくとも，詳細にその支出を延期することのできる原価

機会原価…付加原価と同様，現金支出を伴わないが，ある代替案を選択したことによって失われる未来の利益

2 関連原価分析の特徴

関連原価分析…差額原価や未来原価に注目した経営意思決定のための原価計算，実際には原価だけでなく差額収益も計算に含めることから差額原価収益分析ともよばれる

特殊原価調査…過去の原価記録にもとづく原価計算制度と区別するための，関連原価分析の別呼称

特殊原価…関連原価の別呼称

3 代替案の評価

●関連原価分析（業務的意思決定）の例

(a) 部品を自製するか外注するか

(b) 特別注文を引き受けるか否か

(c) 追加加工を行うか，半製品のまま販売するか

4 関連原価分析の留意点

●関連原価分析は代替案の収益性の評価に有効な情報を提供するものの，この分析結果だけでなく，次のような検討が必要

(a) 部品を自製するか外注するか

外注部品の品質・外注価格の長期的変動可能性・自社の製造能率の低下・自製体制への再度の切りかえの可能性

(b) 特別注文を引き受けるか否か

低価格で販売された事実が得意先に知られ，値引きが要求される可能性

(c) 追加加工を行うか，半製品のまま販売するか

半製品のまま低価格で販売し続けたが，より割安な類似製品に切りかえられる可能性

◆練習問題

15－1　次の文の［　　］の中に最も適当な語を記入しなさい。

① 無関連原価の代表例で，過去の意思決定の結果生じた回収不能な原価を［　ア　］という。

② 関連原価は，ある代替案を実行した場合のみ発生する原価と他の代替案を実行した場合のみ発生する原価との差額に相当することから［　イ　］とも呼ばれる。また，未来の行動を選択する意思決定に関連する原価という意味で［　ウ　］とも呼ばれる。

③ 関連原価のうち，ある代替案と他の代替案の差額がプラスとなる原価を［　エ　］という。

④ 関連原価のうち，現金の支出を伴わず，財務会計の記録には現れないが，代替案の優劣を評価する場合に考慮しなければいけない原価で，自己資本利子，自己所有資産の賃借料，企業家賃金などのことを［　オ　］という。

⑤ ［　オ　］と同様，現金支出を伴わないが，意思決定において非常に重要な原価概念で，ある代替案を選択したことによって失われる未来の利益を［　カ　］という。

ア	イ	ウ
エ	オ	カ

15－2　次の［資料］により，各問いに答えなさい。

［資料］

	A　案	B　案	C　案
売　上　高	¥2,800,000	¥1,900,000	¥3,500,000
製 造 原 価	¥1,200,000	¥1,200,000	¥2,300,000

問1　上記の代替案のうち，最大の利益をもたらす案を答えなさい。

［　　　　　　　　案］

問2　問1の案を選択した場合，選択されなかった代替案のなかで得られたであろう最大の利益のことを機会原価というが，機会原価はいくらになるか。

［¥　　　　　　　　］

15－3 福岡製作所は，甲製品を完成品として @¥2,500 の販売価格で 2,500 個を取引先に毎月，納入している。甲製品の製造原価をもとに，各問いに答えなさい。

甲製品の製造原価

直接材料費：@¥560/ 個　　直接労務費：@¥700/ 個　　変動製造間接費：@¥480/ 個

固定製造間接費：¥1,700,000

問１　取引先から，特別注文として翌月だけ 500 個の追加注文があった。福岡製作所の生産能力には十分な余力があり受注可能だが，取引先はすべての甲製品の価格を翌月のみ @¥2,300 にすることを求めている。福岡製作所はこの特別注文を引き受けるべきか。［ヒント］を参考に，特別注文を引き受けるべきか否かを答えなさい。なお，不要な語句を線で消すこと。

［ヒント］

差額収益：¥［　　　］＝ @¥2,300 ×［　　　］個 － @¥［　　　］× 2,500 個

差額原価：¥［　　　］＝（@¥560 ＋ @¥［　　　］＋ @¥［　　　］）× 500 個

差額利益が（　プラス　・　マイナス　）なので，特別注文を（　引き受ける　・　引き受けない　）べきである。

問２　外部の山口工業株式会社から，外注による甲製品納入の商談が持ち込まれている。同社が提示する納入価格は @¥2,450 である。福岡製作所はこの商談を受けるべきか。なお，甲製品に関する固定費は固定製造間接費のみで，外注した場合には発生しないと仮定する。［ヒント］を参考に，商談を受けるべきか否かを答えなさい。また，不要な語句を線で消すこと。

［ヒント］

自製する場合の原価：¥［　　　］＝（@¥560 ＋ @¥［　　　］＋ @¥［　　　］）× 2,500 個 ＋ ¥1,700,000

外注する場合の原価：¥［　　　］＝ @¥［　　　］× 2,500 個

商談を（　引き受ける　・　引き受けない　）べきである。

問３　取引先から，甲製品を半製品の状態で 2,500 個を購入したいという商談が持ち込まれた。取引先の希望する購入価格は @¥1,350 である。半製品として出荷した場合の製造原価と［ヒント］を参考に，完成品ではなく半製品として販売する商談を引き受けるべきか否かを答えなさい。なお，不要な語句を線で消すこと。

半製品として出荷した場合の製造原価

直接材料費：@¥480/ 個　　直接労務費：@¥280/ 個　　変動製造間接費：@¥192/ 個

固定製造間接費：¥850,000

［ヒント］

完成品として販売する差額収益：¥［　　　］＝（@¥2,500 － @¥［　　　］）× 2,500 個

完成品として販売する差額原価：¥［　　　］＝｛（@¥560 ＋ @¥［　　　］＋ @¥［　　　］）× 2,500 個 ＋ ¥1,700,000｝－｛（@¥［　　　］＋ @¥280 ＋ @¥［　　　］）× 2,500 個 ＋ ¥850,000｝

商談を（　引き受ける　・　引き受けない　）べきである。

◆確認テスト

15－4　高知工業株式会社は，A案，B案，C案，D案の代替案のいずれかを選択することになった。各代替案のうち最大の利益をもたらす案はどれか。また，その場合の機会原価を求めなさい。

	A　案	B　案	C　案	D　案
売　上　高	¥3,239,000	¥3,461,000	¥3,106,000	¥3,507,000
製造原価	¥2,994,000	¥3,183,000	¥2,959,000	¥3,258,000

案	機会原価　¥

15－5　山梨食品株式会社は，A案，B案のいずれかを選択することになった。A案を選択した場合における差額利益の計算表を完成しなさい。また，山梨食品株式会社にとってどちらの案が有利か答えなさい。

	A　案	B　案
売　上　高	¥25,436,000	¥24,971,000
製造原価	¥16,809,000	¥16,362,000

A案を選択した場合における差額利益の計算表

売　上　高	(¥　　　　)
製　造　原　価	(¥　　　　)
機　会　原　価	(¥　　　　)
差額利益	(¥　　　　)

したがって，(　　　　)案を選択した方が有利である。

15－6　茨城産業株式会社は，A部品50万個を1個あたり¥70で自製しているが，同じ部品を単価¥74で外部から購入することもできるため，外注への切り替えを検討中である。なお，外注する場合はこれまで部品を生産していたライン設備に関連する固定費¥2,500,000が削減できる。自製を続けるか，それとも外注に切り替えるかを関連原価分析により判定しなさい。また，不要な語句を線で消すこと。

(　自製を続ける　・　外注に切り替える　)べきである。

理由：

15－7　H製品を製造する石川工業株式会社は，得意先の1社から特別注文として製品1,000個の追加注文の問い合わせを受けた。生産能力には余力があるため，この注文を受けることが可能だが，得意先は追加分の購入価格を通常の*¥900*から*¥800*にすることを要求している。なお，H製品の製造原価に関する資料は次のとおりである。差額利益の計算により，石川工業株式会社はこの特別注文を引き受けるべきかどうかを検討しなさい。また，不要な語句を線で消すこと。

（H製品の製造原価資料）

直接材料費	*¥5,400,000*	直接労務費	*¥10,800,000*
変動製造間接費	*¥6,750,000*	固定製造間接費	*¥ 3,200,000*
月次生産数量	30,000個		

特別注文を（　引き受ける　・　引き受けない　）べきである。

理由：

15－8　岐阜工業株式会社は，取引先から自社製品Aを半製品の状態で，1個あたり*¥970*で購入したいとの問い合わせを受けた。この半製品の見積製造原価は1個あたり*¥420*で，取引先は半製品を50,000個購入する予定である。また，この製品を完成までに加工するには1個あたり*¥250*の追加加工費が生じるが，完成品としての販売単価は*¥1,200*である。差額利益の計算により，岐阜工業株式会社は，追加加工し，完成品として販売するのと，半製品のまま販売するのと，どちらが有利か検討しなさい。なお，不要な語句を線で消すこと。

（　完成品として販売　・　半製品のまま販売　）するべきである。

理由：

◆発展問題

15－9　ＡＫＹＭ工業株式会社では，部品Ｏを *1,800* 円 / 個で年間 2,000 個を購入していた。しかし，次期において自社工場のＺ部門に遊休生産能力が生じることが判明し，その遊休生産能力を利用して部品Ｏの自製をするべきか否かを検討することになった。次の［資料］により，自製するべきか否かを判断しなさい。なお，不要な語句を線で消すこと。

［資料］

1．部品Ｏを１個生産するために必要な直接材料費と直接労務費，機械作業時間は次のとおりである。
　直接材料費　*480* 円 / 個　　直接労務費　*360* 円 / 個　　機械作業時間　２時間 / 個

2．Ｚ部門の次期の予想操業度は年間 16,000 機械作業時間であり，正常操業度は年間 20,000 機械作業時間である。また，その際の製造間接費は次のとおりである。

	予想操業度 16,000 時間		正常操業度 20,000 時間	
	製造間接費	１時間あたり	製造間接費	１時間あたり
変動費	*6,400,000* 円	*400* 円	*8,000,000* 円	*400* 円
固定費	*4,000,000* 円	*250* 円	*4,000,000* 円	*200* 円
合　計	*10,400,000* 円	*650* 円	*12,000,000* 円	*600* 円

自製した方が購入した場合と比べて［　　　　］円だけ（　有利　・　不利　）である。

15－10　株式会社ＮＫＧＷ電気は，Ａ案，Ｂ案，Ｃ案，Ｄ案の代替案のいずれかを選択することになった。次の［資料］により，各問いに答えなさい。

［資料］

	Ａ　案	Ｂ　案	Ｃ　案	Ｄ　案
売　上　高	*1,500,000* 円	*1,950,000* 円	*1,650,000* 円	*1,800,000* 円
製 造 原 価	*900,000* 円	*1,350,000* 円	*750,000* 円	*1,050,000* 円

問１　Ｂ案を選択した場合の機会原価を答えなさい。

機　会　原　価
円

問２　最大の利益をもたらす案と，その場合の機会原価を答えなさい。

最大の利益をもたらす案	機　会　原　価
案	円

15−11 神戸化学株式会社では，乙製品に用いる部品Dを年間 30,000 個自製しているが，芦屋精密機械株式会社より部品Dと同一の部品の売り込みがあった。次の［資料］により，購入すべきか否かを判断しなさい。なお，不要な語句を線で消すこと。

［資料］

1．部品Dの製造原価
　直接材料費　*400* 円 / 個　　加工費　*700* 円 / 個（*6,000,000* 円 / 年の固定費を含む）
2．購入に切り替えた場合，年間固定加工費のうち 30%が発生しない。
3．芦屋精密機械株式会社からの購入価格は *1,070* 円 / 個である。

購入した方が［　　　　］円だけ（　有利　・　不利　）である。

15−12 実教部品工業では，現在，製造・販売している部品乙を追加加工し，需要の多い製品Oとして販売すべきか否かを検討中である。次の［資料］により，各問いに答えなさい。

［資料］

	部品乙	製品O
販売価格	*4,000* 円 / 個	*6,000* 円 / 個
部品乙の変動製造原価	−	*1,200* 円 / 個
変動製造原価	*1,200* 円 / 個	*1,000* 円 / 個
変動販売費	*200* 円 / 個	*400* 円 / 個
年間固定費	*2,000,000* 円	※ *2,420,000* 円

※追加加工した場合，部品乙の年間固定費 *2,000,000* 円の他に追加的に *420,000* 円の年間固定費が発生する。

問1　部品乙，製品Oの１個あたりの貢献利益はそれぞれいくらか。

部　品　乙	製　品　O
円	円

問2　部品乙 1,000 個を製品Oとして販売すべきか否かを判断しなさい。なお，不要な語句を線で消すこと。

製品Oとして販売した方が［　　　　］円だけ（　有利　・　不利　）である。

問3　部品乙 1,000 個を追加加工した場合の製品O１個あたりの最低販売価格はいくらか。

製品O１個あたりの最低販売価格
円

15−13　製品ＬＣを製造しているＯＳＭ実業株式会社に，同社で製造可能な製品Ｍを 1,500 個製造してほしいとの注文があった。次の［資料］により，各問いに答えなさい。

［資料］

1．当期の損益計算書（製品ＬＣ）

Ⅰ	売上高	8,000 個 × *1,800* 円 / 個	*14,400,000* 円
Ⅱ	売上原価	8,000 個 × *1,200* 円 / 個	*9,600,000* 円
	売　上　総　利　益		*4,800,000* 円
Ⅲ	販売費及び一般管理費		
	変動販売費	8,000 個 × *40* 円 / 個	*320,000* 円
	固定販売費		*400,000* 円
	固定一般管理費		*480,000* 円
	営　業　利　益		*3,600,000* 円

2．ＯＳＭ実業株式会社の年間生産能力は 10,000 個（10,000 機械作業時間）であり，次期においても製品ＬＣを 8,000 個（予想最大需要量）製造・販売する計画である。

3．製品ＬＣ１個あたりの資料

変動製造原価	固定製造原価	機械作業時間
800 円	*400* 円	1 時間

なお，年間固定製造原価総額は *3,200,000* 円であり，単位あたり固定費は計画生産量 8,000 個にもとづいて計算している。

4．製品Ｍ１個あたりの資料

販売価格	変動製造原価	変動販売費	機械作業時間
2,400 円	*1,200* 円	*40* 円	2 時間

なお，製品Ｍを製造・販売しても追加的な固定費は発生しない。

問１　製品Ｍ 1,500 個すべての特別注文を引き受けたときの製品ＬＣの最大生産量は何個か。

問２　製品ＬＣ，製品Ｍの１個あたりの貢献利益はそれぞれいくらか。

製　品　Ｌ Ｃ	製　　品　　Ｍ
円	円

問３　製品Ｍ 1,500 個の特別注文を引き受けた場合の営業利益はいくらか。

円

問４　製品Ｍ 1,500 個の特別注文を引き受けるべきか否かを判断しなさい。

特別注文 1,500 個を引き受けた方が，引き受けない場合に比べて，[　　　　]円だけ
（　有利　・　不利　）である。

問５　問４の意思決定後に，別の企業から製品Ｍ 1,000 個の注文があった。

特別注文 1,000 個を引き受けた方が，引き受けない場合に比べて，[　　　　]円だけ
（　有利　・　不利　）である。

15－14　製品ＳＰを製造･販売しているＳＭＺ製作所に，新規の顧客から製品ＳＰを 200 個購入したいと新規注文があった。次の［資料］により，各問いに答えなさい。

［資料］

１．製品ＳＰ１個あたりの変動製造原価

直接材料費　*1,500* 円 /kg　× ３kg　＝ *4,500* 円
変動加工費　*2,750* 円 / 時間× ２時間＝ *5,500* 円
合　計　*10,000* 円

２．年間固定製造間接費予算　*4,000,000* 円　　年間基準操業度　4,000 直接作業時間

３．ＳＭＺ製作所の年間生産能力は 2,000 個（4,000 直接作業時間）であり，現段階では，次期において製品ＳＰを 1,800 個製造・販売する予定である。したがって，新規注文に応じるだけの十分な生産能力がある。

４．その他の資料

	既存注文分	新規注文分
販売価格	*15,000* 円 / 個	*12,000* 円 / 個
変動販売費	*200* 円 / 個	*100* 円 / 個
年間固定販売費及び一般管理費	*400,000* 円	追加的な固定費は発生しない

問１　新規注文を引き受けるべきか否かを判断しなさい。

新規注文 200 個を引き受けた方が，引き受けない場合に比べて，[　　　　]円だけ
（　有利　・　不利　）である。

問２　新規注文の引き受けにともない，既存の顧客から販売価格に対して *300* 円 / 個の値下げ要請を受けると仮定した場合，この新規注文を引き受けるべきか否かを判断しなさい。

新規注文 200 個を引き受けた方が，引き受けない場合に比べて，[　　　　]円だけ
（　有利　・　不利　）である。

16章 設備投資の経済性計算

▶教科書p.140～154

●要点整理

1 設備投資の経済性計算の意義

設備投資の経済性の評価（経済計算）…投資期間の一部またはすべてを対象に，投資に伴う直接的な費用，借入金の返済，金利の支払い，減価償却費の発生など，将来年度の資金計画や利益計画

経済命数…設備の法定耐用年数とは違い，設備が合理的に稼働する年数

2 設備投資のタイプ

拡大投資…需要増に対応するために，生産・販売能力の拡大を目指す投資

製品投資…新製品開発投資・製品改良投資など，製品に関連する投資

取替投資…量的な拡大ではなく，生産の質的向上と原価引き下げを目的に，旧設備を除却して新設備を導入する投資で，更新投資と合理化投資がある

更新投資…物理的な減耗による作業環境の悪化を改善するために，同種の設備に取り替える投資

合理化（省力化）投資…技術進歩の結果として陳腐化した設備をより生産効率の優れた設備に取り替える投資

戦略投資…収益獲得に直接は貢献しないが，他の製品や企業の全社的な活動を支援する投資

3 設備投資と長期利益計画

●設備投資の計画と実施の手順

① 設備投資目的の確認
② 設備投資による効果の予測
③ （代替的）投資案の評価・選択
④ 必要となる資金額の算定（③と同時の場合も）
⑤ 資金調達方法ならびに返済の可能性の検討

4 設備投資の経済性計算の方法(1)～貨幣の時間価値を考慮しない方法

●設備投資案の収益性を評価するための方法

① **原価比較法**…各投資案の製品1個あたりの生産コストを比較する方法で，旧設備から新設備への取り替えの判断や，代替案のどれが収益を生み出すか明確に予測できない場合に用いられる方法

② **回収期間法**…投資した資金が何年で回収できるか比較する方法で，簡便という理由から実務でもよく用いられている方法

$$\text{回収期間}=\frac{\text{投資額}}{\text{毎年のキャッシュ・フロー}^{※}}$$

※設備投資によって増加する現金流入額

キャッシュ・フロー＝(現金収入収益－現金支出費用)×(1－法人税率)＋非現金支出費用×法人税率

または，

キャッシュ・フロー＝税引後当期純利益＋減価償却費（非現金支出費用）

③　**会計的投資利益率法**…投下した資本に対してどれだけ利益が得られるか比較する方法で，投下資本利益率法ともよばれる

$$投資利益率=\frac{年間の税引後増分利益^{※}}{投資額（または平均投資額）}$$

※キャッシュ・フローではなく，損益計算書に計上される利益

5　設備投資の経済性計算の方法(2)～貨幣の時間価値を考慮する方法

貨幣の時間価値…ただちに受け取れる現金 *¥10,000* と，1年後に受け取れる現金 *¥10,000* の価値を区別して価値を計算すること

割引計算…割引率を用いて，将来の価値を今の価値に換算すること

割引率…利子率などの資本コスト

現在価値（present value：ＰＶ）…将来の価値を割引率により換算された今の価値

$$PV=\frac{CF}{(1+r)^{t}}$$　ＣＦ：キャッシュ・フロー　r：割引率　t：年数

現価係数表…割引計算に必要な現価係数が年度と割引率から容易に探し出せる表

年金現価係数表…年金現価係数（現価係数の累計）が年度と割引率から容易に探し出せる表

加重平均資本コスト…資本の調達源泉ごとの資本コストに資本構成割合を加味したもの

加重平均資本コスト＝[負債コスト×(１－法人税率)×{負債÷(負債＋株主資本)}]
＋[株主資本コスト×{株主資本÷(負債＋株主資本)}]

割引キャッシュ・フロー法（discount cash-flow method）…正味現在価値法や内部利益率法とよばれ，投資からもたらされる年々のキャッシュ・フローの現在価値を求めて投資決定を行う方法

正味現在価値法（net present value）…割引率に資本コストを用いて年々のキャッシュ・フローを割り引き，その現在価値が初期投資額を上回る場合，望ましいと判断する方法

➡　現在価値－初期投資額＝正の値（プラス）になるか否か

内部利益率法…内部利益率が資本コストを上回る場合，望ましいと判断する方法

内部利益率…正味現在価値がゼロとなる利益率，つまり年々のキャッシュ・フローの現在価値が投資額と等しくなる割引率

補間法…年金現価係数や現価係数を用いて内部利益率を求める計算方法（試行錯誤して計算する必要があるので，詳細は発展問題16－14問５の詳細解説を参照）

6　複数の代替案が存在する場合の経済性評価

●複数の代替案が存在する場合の経済性評価の例

①　貨幣の時間価値を考慮しない方法より，貨幣の時間価値を考慮した方法の方が理論的には優れているが，計算が複雑であるといった理由から，簡便的な回収期間法が採用される場合もある

②　正味現在価値法でも内部利益率法でも評価の優劣が同じ場合は，優れた方が採用される

③　正味現在価値法と内部利益率法の評価の優劣が逆になった場合，正味現在価値法の方を優先した方が望ましい（投資案が必要資本利益率を超えてもたらす余剰金を現在の貨幣価値で示しているから）

◆練習問題……………………………………………………………………………………

16－1　奈良薬品株式会社は，新規に導入予定の生産設備について，A案とB案の二つの投資案を検討中である。両案の設備においては，年間の生産能力には差はない。原価比較法を用いて，どちらの投資案を採択するかを決定しなさい。なお，定額法による減価償却（残存価額はゼロ）を行い，投資資金の調達は銀行からの借り入れ（年利5％）によるものとする。また，不要な語句を線で消すこと。

	A　案	B　案
設備投資額	*20,000,000* 円	*24,000,000* 円
年間製造原価 （減価償却費を除く）	*39,000,000* 円	*40,000,000* 円
耐用年数	4年	5年

（　A案　・　B案　）を採択する。

理由：	年間製造原価	減価償却費	支払利息	合　　計
A案	*39,000,000* 円	*5,000,000* 円	*1,000,000* 円	（　　　　）円
B案	（　　　　）円	（　　　　）円	（　　　　）円	（　　　　）円

16－2　埼玉機械株式会社は，次のようなA案，B案の二つの投資案を検討中である。回収期間法によって，どちらの投資案を採択すべきかを検討しなさい。なお，不要な語句を線で消すこと。

	A　案	B　案
設備投資額	*¥7,000,000*	*¥9,000,000*
耐用年数	4年	9年
毎年のキャッシュ・フロー	*¥2,000,000*	*¥1,500,000*

（　A案　・　B案　）を採択する。

理由：

A案　設備投資額 *7,000,000* 円÷毎年のキャッシュ・フロー *2,000,000* 円＝3.5年

B案　（　　　　）円÷（　　　　）円＝（　　　）年

16－3　16－2の投資案について，会計的投資利益率法によって，どちらの投資案を採択すべきか検討しなさい。なお，設備の残存価額はゼロとし，利益率は小数第2位未満を四捨五入する。また，不要な語句を線で消すこと。

（　A案　・　B案　）を採択する。

理由：

A案　増分利益：*2,000,000* 円－（*7,000,000* 円÷4年）＝ *250,000* 円

投資利益率：*250,000* 円÷ *7,000,000* 円≒3.6％

B案　（　　　　）円－（　　　　円÷　　　　年）＝（　　　　）円

（　　　　）円÷（　　　　）円≒（　　　）％

16－4　3年間にわたり，毎年末に受け取ることのできる¥1,000を，3％で割り引くとすれば，その現在価値の合計はいくらになるか計算しなさい。なお，毎年の現在価値の計算については，整数未満を四捨五入すること。

年	キャッシュ・フロー	係　　数	現在価値
1	¥		¥
2	¥		¥
3	¥		¥
		合　計	¥

16－5　3年間にわたり，毎年末に受け取ることのできる¥1,000を，3％で割り引くとすれば，その現在価値の合計はいくらになるか計算しなさい。なお，毎年の現在価値については，現価係数を用いて計算し，整数未満を四捨五入すること。

割引率3％における各期間の現価係数

1年　0.9709　　　2年　0.9426　　　3年　0.9151

年	キャッシュ・フロー	係　　数	現在価値
1	¥		¥
2	¥		¥
3	¥		¥
		合　計	¥

16－6　3年間にわたり，毎年末に受け取ることのできる¥1,000を，3％で割り引くとすれば，その現在価値はいくらになるか計算しなさい。なお，年金現価係数を用いること。

割引率3％における年金現価係数

3年　2.829

◆確認問題

16－7　和歌山食品株式会社は，新規の設備投資にあたり，必要な資金を長期の借入金と株式の発行によって調達することを計画している。同社の資本構成は株主資本 50%，他人資本（負債）50%で，投資後もこの資本構成は維持される。長期借入金の支払利息が６％，株式の資本コストが７％であり，法人税等の税率が 40%であるとき，加重平均資本コストは何%になるか計算しなさい。

%

16－8　岩手木工株式会社は，*¥23,000,000* の投資額により，毎年 *¥8,500,000* のキャッシュ・フローを３年間受け取ることのできる投資案を採択するか検討している。正味現在価値法にもとづいて検討しなさい。なお，資本コストは５％（年金現価係数 2.723）とする。また，不要な語句を線で消すこと。

投資案を（　採択すべきである　・　採択すべきでない　）。
理由：

16－9　前問 16－８で示した投資案につき，その内部利益率を補間法によって求めなさい。なお，資本コスト６％（期間３年）の年金現価係数は 2.673 で計算し，利益率は小数第３位未満を四捨五入すること。

%

16－10　次の［資料］により，正味現在価値法を用いて投資案を評価しなさい。なお，割引計算においては［資料］に記載された現価係数を使用し，計算の途中で生じた端数は四捨五入せず，最終の解答の段階で「万円」未満を四捨五入すること。ただし，マイナスの場合には金額の前に△を付けること。また，不要な語句を線で消すこと。

［資料］

1．初期投資額 *3,000* 万円の設備投資案
2．新設備の耐用年数は３年，耐用年数経過後における売却価値はゼロ
3．新設備を導入すると毎年の売上収入が *3,750* 万円増加，現金支出費用が *2,400* 万円発生
4．資本コスト率は８％
5．現価係数　８％　１年：0.9259　　２年：0.8573　　３年：0.7938

正味現在価値が［　　　　　］万円であり，（　正　・　負　）の値を示しているので
本投資案を採用（　すべきである　・　すべきでない　）。

16−11　次の［資料］のようなＸ，Ｙ，Ｚの三つの投資案がある。⑴正味現在価値法，⑵回収期間法，⑶会計的投資利益率法のそれぞれの方法を用いて，どの案を採用すべきかを決定しなさい。なお，減価償却時の残存価額は零（0）であり，資本コストは８％とする。

［資料］

投資案	投資額	年々のキャッシュフロー	耐用年数	年金現価係数
X	*8,000* 千円	*2,000* 千円	5年	3.993（5年）
Y	*10,000* 千円	*2,400* 千円	5年	3.993（5年）
Z	*12,000* 千円	*2,700* 千円	6年	4.623（6年）

⑴　正味現在価値法

⑵　回収期間法

⑶　会計的投資利益率法

◆**発展問題**

16−12　次の［資料］により，各問いに答えなさい。ただし，解答上，金額は「円」未満を，パーセントは「%」未満第２位を，回収期間は「月」未満第１位を四捨五入すること。

［資料］

1．耐用年数５年の設備 *17,200,000* 円への投資案を検討している。

2．この投資案によって増加する今後５年間の税引前キャッシュ・フローを計算するための現金収入収益・現金支出費用の予想は次のとおりである。なお，税引前当期純利益は，現金収入収益・現金支出費用および減価償却費から計算される。

	現金収入収益	現金支出費用
第１年度	*7,600,000* 円	*3,200,000* 円
第２年度	*8,400,000* 円	*3,600,000* 円
第３年度	*9,600,000* 円	*4,000,000* 円
第４年度	*11,000,000* 円	*5,600,000* 円
第５年度	*9,000,000* 円	*4,400,000* 円

3．現価係数

年	1	2	3	4	5
８%の現価係数	0.9259	0.8573	0.7938	0.7350	0.6806

4．残存価額をゼロとして定額法で減価償却をおこなう。

5．法人税等の税率は40%とする。

問１　会計的投資利益率を答えなさい。なお，計算においては，投資額の総額を分母とすること。

会計的投資利益率	%

問２　次の計算式の（　　　）にあてはまる項目を勘定科目で答えなさい。

設備投資によって増加する税引後キャッシュ・フロー＝
（会計上の）税引後当期純利益＋（　　　　　　　）

問３　第１年度の税引後キャッシュ・フローおよび今後５年間の税引後キャッシュ・フロー合計を答えなさい。

第１年度の税引後キャッシュ・フロー	今後５年間の税引後キャッシュ・フロー合計
円	円

問４　税引後キャッシュ・フロー累計額を用いた場合の回収期間を答えなさい。

回収期間	年　　カ月

問５　資本コストが８%である場合，本投資案を採用すべきか否かを，正味現在価値法によって判断しなさい。なお，割引計算による端数は四捨五入せず，最終の解答の段階で四捨五入すること。

正味現在価値が［　　　　］円となり，（　正　・　負　）の値を示しているので
本投資案を採用（　すべきである　・　すべきでない　）。

16−13　ＥＢＳ工業では，ｘ１年度期首（現時点）において，現在使用している機械Ｓを最新型の機械Ｐに取り替える案を検討している。次の［資料］により，各問いに答えなさい。ただし，各年度の割引前キャッシュ・フローは，各年度の売上収入から現金支出費用および現金支出を控除して計算し，解答上，割引前キャッシュ・フローおよび正味現在価値がマイナスである場合，金額の前に「△」を付すこと。なお，割引計算においては資料に与える現価係数を利用し，端数は四捨五入せず，最終の解答の段階で「万円」未満を四捨五入すること。

［資料］

1．機械Ｓ，機械Ｐに関するデータ

	機械Ｓ	機械Ｐ
取得原価	*20,000* 万円	*24,000* 万円
耐用年数（減価償却方法）	５年（定額法）	３年（定額法）
現在までの使用期間	２年	−
現時点での売却見込額	*12,800* 万円	−
３年後の残存（売却）価額	*2,000* 万円	*2,400* 万円
現金支出費用（年間）	*8,000* 万円	*4,000* 万円

2．その他のデータ

(1)　現時点以外のキャッシュ・フローは，各年度末に生ずるものとする。

(2)　向こう３年間の売上収入は毎年 *16,000* 万円で，十分な利益を確保できると予想される。

(3)　減価償却費は，(取得原価 − 残存価額) ÷ 耐用年数　で計算する。

(4)　法人税率の税率は 30％とする。

(5)　現価係数（資本コスト８％）

年	1	2	3
８％の現価係数	0.9259	0.8573	0.7938

問１　機械Ｓを使用し続ける（現状維持）案の各年度の割引前キャッシュ・フローはいくらか。

ｘ１年度期首	ｘ１年度末	ｘ２年度末	ｘ３年度末
万円	万円	万円	万円

問２　現状維持案の正味現在価値はいくらか。

機械Ｓの正味現在価値	万円

問３　機械Ｓを売却し，機械Ｐに取り替える案（取替案）の各年度の割引前キャッシュ・フローはいくらか。

ｘ１年度期首	ｘ１年度末	ｘ２年度末	ｘ３年度末
万円	万円	万円	万円

問４　取替案の正味現在価値を求めたうえで，取り替えるべきか否かを判断しなさい。

取替案の正味現在価値は［　　　　］万円となり，現状維持案の正味現在価値より［　　　　］万円（　大きい　・　小さい　）ため，機械Ｓに取り替える（　べきである　・　べきでない　）。

16−14 次の［資料］により，各問いに答えなさい。

［資料］

1．第１年度期首に耐用年数３年の設備（投資額 *54,000,000* 円）への投資案を検討している。なお，残存価額をゼロとして定額法で減価償却をおこなう。

2．この投資案によって増加する今後３年間の税引前キャッシュ・フローを計算するための現金収入収益・現金支出費用の予想は次のとおりである。なお，税引前当期純利益は，現金収入収益・現金支出費用および減価償却費から計算され，法人税等の税率は25％とする。

	現金収入収益	現金支出費用
第１年度	*34,600,000* 円	*15,600,000* 円
第２年度	*41,800,000* 円	*19,000,000* 円
第３年度	*38,400,000* 円	*17,800,000* 円

3．現価係数表

年＼年利	4％	5％	6％
1	0.9615	0.9524	0.9434
2	0.9246	0.9070	0.8900
3	0.8890	0.8638	0.8396

問１　この設備投資をおこなった場合の，各年度末における税引後キャッシュ・フローを答えなさい。なお，金額がマイナスの場合には，数字の前に△を付けること。

x１年度末	x２年度末	x３年度末
円	円	円

問２　会計的投資利益率（投下資本利益率）を答えなさい。ただし，計算においては，投資額の総額を分母とし，解答する際は％の小数点第２位を四捨五入し，第１位まで解答すること。

会計的投資利益率	％

問３　各年度末における税引後キャッシュ・フローの平均を用いた場合の回収期間を答えなさい。なお，「月」未満の端数は切り捨てること。

回収期間	年　　カ月

問４　資本コスト率が４％である場合，本投資案を採用すべきか否かを，正味現在価値法によって判断しなさい。ただし，割引計算による円未満の端数は最終の解答の段階で四捨五入すること。なお，金額がマイナスの場合には，数字の前に△を付けること。

正味現在価値が［　　　　　　］円となり，（　正　・　負　）の値を示しているので
本投資案を採用（　すべきである　・　すべきでない　）。

問５　補間法を用いて内部利益率を答えなさい。なお，解答上，％の小数点第２位を四捨五入し，第１位まで解答すること。

内 部 利 益 率	％

16−15 福岡金属工業では，製品Ｋを１個あたり *0.6* 万円で販売している。既存設備は現在フル稼働で生産され，年間生産能力は 6,000 個である。市場分析の結果，年間 12,000 個までは価格を変えずに販売可能と見込まれたので，年間生産能力が 7,000 個の新設備を追加で導入する案（以下，新設備追加案）を検討中である。次の［資料］により，各問いに答えなさい。

［資料］

１．既存設備，新設備に関するデータ

	既存設備	新設備
購入対価	*3,600* 万円	*3,300* 万円
据付費	*400* 万円	*300* 万円
耐用年数	５年(取得後２年経過)	３年
３年後の売却見込価額(残存価額)	*400* 万円	*360* 万円
１個あたりの変動費	*0.40* 万円	*0.36* 万円

２．新設備導入後も，減価償却費以外の固定費の発生額に増減はない。

３．差額キャッシュ・フローは，既存設備のみを使用する案を基準として，新設備追加案により増減するキャッシュ・フローとする。

４．初期投資以外のキャッシュ・フローは，各年度末にまとめて発生するものとする。なお，法人税等の税率は 25％とし，法人税等にかかるキャッシュ・フローは，その法人税等を負担する年の年度末に支払うものとする。

５．福岡金属工業は向こう３年間において，十分な利益を確保できるものとする。

６．新設備導入後，12,000 個のうち 7,000 個を新設備で，残りを既存設備で製造する。

７．現価係数（資本コスト８％）

年	1	2	3
８％の現価係数	0.9259	0.8573	0.7938

問１　既存設備，新設備の１年あたりの減価償却費を定額法により計算しなさい。

既存設備	万円	新 設 備	万円

問２　年々の差額キャッシュ・フロー１年分（初期投資額を除く）と３年後の投資終了時の設備売却にかかる差額キャッシュ・フローを，割引前の金額で答えなさい。

年々の差額キャッシュ・フロー	設備売却にかかる差額キャッシュ・フロー
万円	万円

問３　新設備追加案の差額キャッシュ・フローの正味現在価値を計算し，新設備を導入すべきか否かを判断しなさい。なお，割引計算による端数は四捨五入せず，そのまま解答すること。

正味現在価値が［　　　　］万円であるため，新設備を導入すべきで
（　ある　・　ない　）。

17章 戦略的コスト・マネジメントの意義と手法

▶教科書p.156～157

●要点整理

1 原価管理の重点移行

年　代	1950年代以前	1950年代以降	1980年代以降
計算手法	標準原価計算	標準原価計算	戦略的コスト・マネジメント（戦略的原価計算）
目　的	原価水準の維持	原価の低減	長期的な利益の増大

2 戦略的コスト・マネジメントの目的

戦略的コスト・マネジメントの目的…本来の目的は「利益の増大」であり，原価削減は有力な手段のひとつにすぎないので，原価の負担がふえても利益の増大につながる点にも注意

3 戦略的コスト・マネジメントの手法

① 目標原価計算（原価企画）…第18章
② 活動基準原価計算…第19章
③ 品質原価計算…第20章
④ ライフサイクル・コスティング…第21章

◆練習問題

17－1　次の文の□の中に最も適当な語を記入しなさい。

① [ア]は，[イ]を活用した原価水準の維持を目的とした活動に始まり，1950年代以降は[ウ]の低減に役立つさまざまな手法が登場した。さらに1980年代になると，[ア]は[ウ]の低減だけではなく，長期的な利益の増大に貢献する活動であると認識されるようになった。

② 企業の利益増大を図るために，顧客および取引企業への長期的な影響を加味して，最適な原価の水準を実現するための活動を[エ]という。

③ 顧客の期待に応えるために，原価だけではなく高品質・高機能な製品を同時に作り出す典型的な手法として[オ]（原価企画）がある。

ア	イ	ウ
エ	オ	

18章 目標原価計算

▶教科書p.158〜162

●要点整理

1 目標原価計算の意義と目的

目標原価計算…1980 年代後半以降，欧米で注目されるようになった新しい管理会計手法で，**原価企画**ともよばれる

●従来の原価管理との違い

製造プロセスではなく，製品の企画・開発・設計プロセス全体を統合的に管理

➡ 製品の仕様や製造方法が決定している製造段階では，原価を引き下げられる余地が少ないので，目標原価の範囲内に収まるよう製品の設計開発段階から調整

2 原価企画のステップ

原価企画…商品企画と目標原価の算定を同時に行う

●目標原価の算定の手順

① 予想販売価格の設定…原価に利益を加算するのではなく，市場や他社の動向から設定

② 目標利益の設定…企業の利益計画をもとに製品 1 単位あたりの利益を設定

③ 許容原価の算定…予想販売価格から目標単位利益を差し引いて算定

見積原価…現在の設備や人員その他の条件のもとで，企画中の製品を製造するのに発生するだろうと算定された原価

目標原価…許容原価がそのまま目標原価となることもあるが，許容原価と見積原価との間で設定された，原価企画において達成すべき目標となる原価

●新製品の開発プロセスと原価企画の流れ

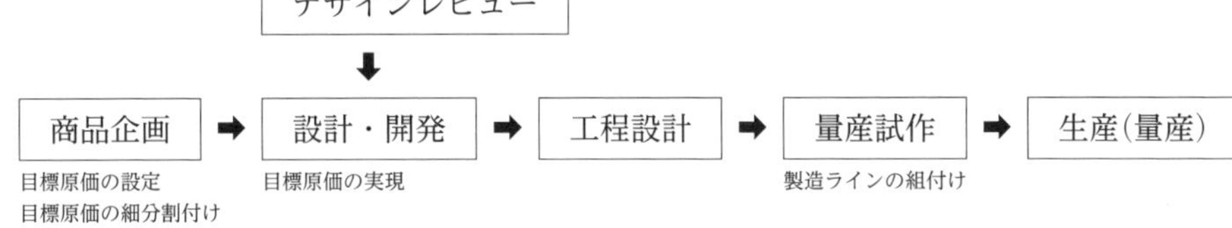

3 原価企画の特徴

ＶＥ（Value Engineering）…原価企画において，原価を下げつつ機能の向上を目指す価値工学という手法で，次のような等式であらわされる

$$価値(V)^{※} = \frac{機能(F)}{原価(C)}$$

※商品やサービスを提供する主体としての価値ではなく，顧客にとっての価値で，品質や性能を含めた機能

➡ 組織内のさまざまな担当者と設計者がタッグを組む（機能横断型）だけでなく，部品メーカーとも協力して原価企画を行う

4 原価維持と原価改善

●原価管理活動

◆練習問題

18－1　次の文の□の中に最も適当な語を記入しなさい。

① 原価企画における目標原価は，予想販売価格の設定 ➡ [ア]の設定 ➡ [イ]の算定の手順で算定される。

② 原価企画の登場により，企業が取り組む原価管理活動は，原価企画と，標準原価計算を活用した一連の管理活動である[ウ]，目標原価と[イ]の溝を埋める活動や日常的な業務の改善を実現する[エ]の三つに区分されるようになった。

③ 目標原価計算は，1960 年代以降の自動車や家電といった日本の[オ]で発展してきた。

ア	イ	ウ
エ	オ	

◆確認問題

18－2　次の［資料］により，各問いに答えなさい。

［資料］

1．甲製品の予想市場価格：*2,000* 円
2．甲製品の翌年度の目標利益：*800* 円
3．甲製品の製造原価：*1,600* 円（直接材料費：*600* 円，加工費：*1,000* 円）

問１　許容原価はいくらか。

許　容　原　価	円

問２　見積原価はいくらか。

見　積　原　価	円

問３　仮に，許容原価と見積原価の平均値を目標原価とした場合，改善される原価はいくらか。

改善される原価	円

19章 活動基準原価計算

▶教科書p.163〜169

●要点整理

1 活動基準原価計算（ＡＢＣ）の意義

活動基準原価計算（activity-based costing；ＡＢＣ）…活動（アクティビティ）こそが経営資源を消費し，原価の真の発生源泉ととらえ，製品や原価部門などが負担すべき原価（主として製造間接費）を，それらの活動に関連づけて正確な製品原価を把握しようとする原価計算

●操業度に関連づけた製造間接費の配賦における問題点

　少量生産品の原価が過少に，大量生産品の原価が過大に評価され，価格設定やセールス・ミックスの決定を誤った方向に導いてしまうおそれあり

2 ＡＢＣの基本構造

コストプール…活動ごとに集計された原価（経営資源の消費額）

コストドライバー…活動ごとの原価の集計ならびに製品への配賦にあたって，活動とそれらとの関係を直接表す物量的尺度で，資源ドライバーと活動ドライバーの二つに分けられる

資源ドライバー…活動ごとの資源消費量を規定する変数

活動ドライバー…最終アウトプット別の活動の消費量を規定する変数

●伝統的な製造間接費の配賦計算とＡＢＣとの相違点

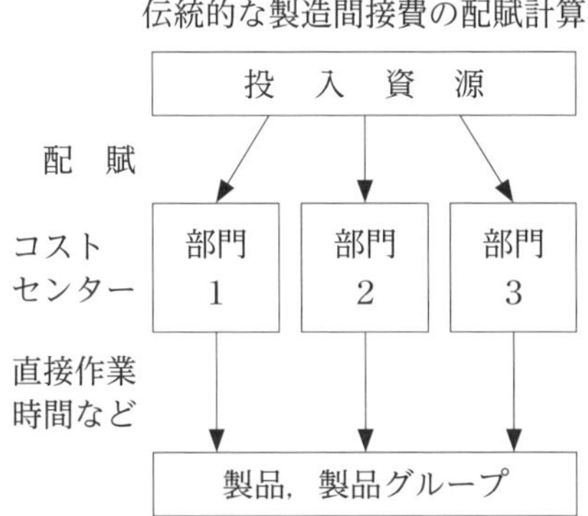

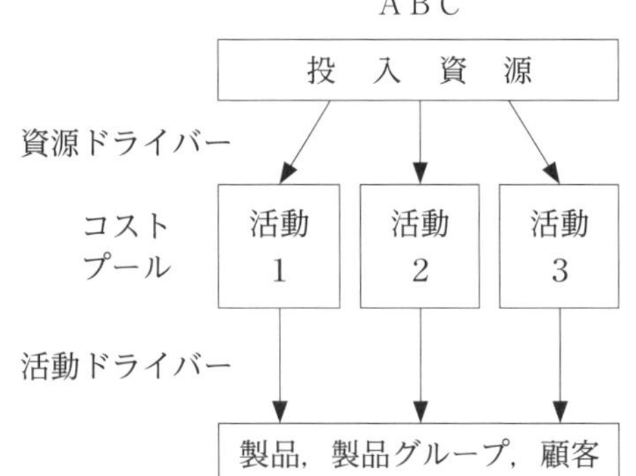

3 活動基準原価管理（ＡＢＭ）

活動基準原価管理（activity-based management；ＡＢＭ）…非付加価値的活動の除去あるいは削減を実現するため，ＡＢＣにもとづいて製造間接費や共通費の効果的な低減と，これらの原価を発生させる業務活動そのものの効果的な管理を目指す手法

非付加価値的活動…顧客が対価を支払うはずのない活動で，原価の発生額あるいは支出額と消費額との間に発生した差異（配賦超過）※より推測される

※原価の発生額（支出額）と消費額，非付加価値的活動の等式

投入資源の原価（原価の支出額）＝利用された資源の原価（原価の消費額）＋未活用のキャパシティ・コスト

◆練習問題

19－1　次の文の［　　］の中に最も適当な語を記入しなさい。

①　活動基準原価計算（ＡＢＣ）は，［　ア　］が原価の真の発生源泉ととらえ，製品や原価部門などが負担すべき原価を［　ア　］を基準として把握しようとする原価計算である。

②　伝統的な製品原価計算では，製造間接費は原価部門に一旦集計されたのち，おおむね操業度をベースに製品別に配賦される。それに対し，ＡＢＣでは，活動ごとにコストプールが設けられ，そこに経営資源の消費額が原価として集計されたのち，製品別に再集計される。その際に用いられる物量的尺度のことを［　イ　］という。［　イ　］のうち，経営資源の消費額を各活動に割り当てる際に用いられるものを［　ウ　］といい，コストプールから各製品に原価を割り当てる際に用いられるものを［　エ　］という。

ア	イ	ウ

エ

19－2　当社は，甲製品と乙製品を製造・販売している。次の［資料］により，各問いに答えなさい。

［資料］

1．製造間接費（*100,000* 円）の内訳

機械作業費：*52,000* 円　　段取費：*48,000* 円

2．生産データ

	甲製品	乙製品	合　計
生　産　量	50 個	20 個	70 個
直接作業時間	400 時間	100 時間	500 時間
機械作業時間	300 時間	100 時間	400 時間
段 取 回 数	6 回	18 回	24 回

問１　直接作業時間を配賦基準とする伝統的な製造間接費の配賦計算を採用した場合の，各製品単位あたり製造間接費はいくらか。

甲　製　品	乙　製　品
円/個	円/個

問２　活動基準原価計算（ＡＢＣ）を採用した場合の，各製品単位あたり製造間接費はいくらか。

甲　製　品	乙　製　品
円/個	円/個

問３　次の文の（　　）にあてはまる語句を選びなさい。なお，不要な語句に線を引くこと。

操業度に関連づけて製造間接費を配賦すると，大量生産品の原価は（　過大　・　過少　）に評価され，少量生産品の原価は（　過大　・　過少　）に評価される傾向がある。

19－3 次の［資料］により，各問いに答えなさい。

［資料］

1．製造間接費予算

コストプール	年間予算	コストドライバー	年間予定水準
段取り	*7,200,000* 円	製造指図書数	900 件
マテハン	*4,800,000* 円	材料移動回数	1,600 回
品質管理	*3,360,000* 円	検査回数	960 回
設備保全・維持	*18,000,000* 円	機械運転時間	15,000 時間

2．当月の生産実績

段取り	70 件
マテハン	130 回
品質管理	75 回
設備保全・維持	1,200 時間

問1　コストドライバー・レートを計算しなさい。

段　取　り	マ　テ　ハ　ン
円/件	円/回
品　質　管　理	設備保全・維持
円/回	円/時間

問2　製造間接費配賦額および配賦差額を計算しなさい。なお，（　　　）には「超過」または「不足」を記入すること。

（単位：円）

	製造間接費 配　賦　額	製造間接費 実際発生額	配 賦 差 額
段取り		*578,000*	（　　　）
マテハン		*388,000*	（　　　）
品質管理		*263,500*	（　　　）
設備保全・維持		*1,480,000*	（　　　）

◆確認問題

19－4　X，Y，Zの3種類の製品を製造・販売している宮崎産業株式会社は最近ABCを導入し，製造間接費を六つのコストプールに集計した。

表1は，令和×1年度予算における各コストプールの製造間接費予算額とコストドライバーの年間予定水準を示している。また，表2は3製品の4月の実績データを，そして表3は，同月の品質コストの実際発生額が示されている。以下の問いに解答しなさい。

表1　令和×1年度の製造間接費予算（単位：千円）

コストプール		コストドライバー	
費　　目	年間予算額	ドライバー	年間予定水準
段取作業費	*15,600*	段取時間	7,800 時間
設備保全費	*14,400*	点検時間	3,600 時間
工程管理費	*96,000*	直接作業時間	12,000 時間
材料受入検査費	*6,840*	材料受入件数	456 件
出荷検査費	*2,880*	検査時間	960 時間
包装・出荷作業費	*15,000*	出荷回数	6,000 回
	150,720		

表2　令和×1年度4月の実績

	製品X	製品Y	製品Z	合　計
生産数量	1,000	2,000	1,000	4,000 単位
直接材料費	*1,800*	*3,500*	*2,000*	*7,300* 千円
段取時間	170	330	180	680 時間
点検時間	90	150	80	320 時間
直接作業時間	260	520	260	1,040 時間
材料受入件数	10	16	8	34 件
検査時間	26	40	22	88 時間
出荷回数	120	240	130	490 回

表3　令和×1年度4月の品質コスト実際発生額（単位：千円）

コストプール	実　績
段取作業費	*1,398*
設備保全費	*1,230*
工程管理費	*8,175*
材料受入検査費	*600*
出荷検査費	*249*
包装・出荷作業費	*1,320*
	12,972

問1　３製品のそれぞれの４月の製品原価をＡＢＣにより計算しなさい。なお，直接労務費の予定賃率は，１時間あたり *¥1,200* である。

コストプール別コストドライバー

コストプール	年間予算額（千円）	コストドライバー年間予定水準	コストドライバー・レート
段取作業費	*15,600*		
設備保全費	*14,400*		
工程管理費	*96,000*		
材料受入検査費	*6,840*		
出荷検査費	*2,880*		
包装・出荷作業費	*15,000*		
	150,720		

ＡＢＣにもとづく原価計算表　　(単位：千円)

	製品X	製品Y	製品Z	合　計
直接材料費				
直接労務費				
製造間接費				
段取作業費				
設備保全費				
工程管理費				
材料受入検査費				
出荷検査費				
包装・出荷作業費				
合　　計				
単位原価				

問2　コストプール別に，製造間接費の配賦差額を求めなさい。

(単位：千円)

コストプール	製造間接費配賦額	製造間接費実際発生額	配賦差額
段取作業費			(　　)
設備保全費			(　　)
工程管理費			(　　)
材料受入検査費			(　　)
出荷検査費			(　　)
包装・出荷作業費			(　　)
			(　　)

(　　)には（超過）または（不足）を記入すること。

◆**発展問題**

19－5　製品X，製品Y，製品Zを製造・販売している鹿児島工業は，活動基準原価計算（ABC）を導入し，製造間接費を５つのコストプールに集計した。次の［資料］により，各問いに答えなさい。

［資料］

1．ｘ１年度の製造間接費予算

コストプール	年間予算額	コストドライバー	年間予定水準
段取作業費	*30,000,000*円	製造指図書数	2,000件
運搬作業費	*5,400,000*円	材料移動回数	1,800回
品質管理費	*8,400,000*円	検査回数	1,400回
工程補助費	*21,000,000*円	直接作業時間	70,000時間
設備保全費	*8,500,000*円	機械運転時間	34,000時間

2．ｘ１年度５月の生産実績

	製品X	製品Y	製品Z
生産数量	225個	525個	650個
直接材料費	*2,140,000*円	*5,560,000*円	*4,800,000*円
直接作業時間	2,800時間	8,400時間	5,600時間
機械運転時間	1,400時間	7,000時間	2,800時間
材料移動回数	100回	280回	140回
製造指図書数	30件	90件	60件
検査回数	20回	60回	40回

問１　製品Xの段取作業費配賦額を答えなさい。

製品Xの段取作業費配賦額	円

問２　製品Yの製造間接費配賦額を答えなさい。

製品Yの製造間接費配賦額	円

問３　製品Zの製品単位原価の金額を答えなさい。なお，直接労務費の予定賃率は*900*円/時間とする。

製品Zの製品単位原価	円/個

19－6　製品甲，製品乙を製造・販売している六本松工業は，活動基準原価計算（ＡＢＣ）を採用し，製造間接費を４つのコストプールに分類している。次の［資料］により，各問いに答えなさい。なお，直接労務費の予定賃率は１時間につき *1,800* 円とする。

［資料］

1．x２年度の製造間接費予算

コストプール		コストドライバー	
費目	年間予算額	ドライバー	年間予定水準
段取作業費	*22,500,000* 円	生産回数	90 回
機械関連費	*540,000,000* 円	機械作業時間	180,000 時間
購買関連費	*30,000,000* 円	発注回数	300 回
梱包費	*214,500,000* 円	出荷回数	75 回

2．x２年度６月の生産実績

	製品甲	製品乙
生産数量	1,000 個	2,400 個
直接材料費	*7,500,000* 円	*9,000,000* 円
直接作業時間	1,500 時間	10,800 時間
生産回数	6 回	4 回
機械運転時間	4,500 時間	3,600 時間
発注回数	16 回	12 回
出荷回数	4 回	2 回

3．x２年度６月のコスト実際発生額

	実績
段取作業費	*2,550,000* 円
機械関連費	*24,200,000* 円
購買関連費	*2,790,000* 円
梱包費	*17,200,000* 円

問１　製品甲の製造間接費配賦額を計算しなさい。

製品甲の製造間接費配賦額	円

問２　製品乙の製品単位原価の金額を求めなさい。

製品乙の製品単位原価	円/個

問３　コストプール別の配賦差額のうち，もっとも金額が大きかった（絶対値）費目の名称とその金額を答えなさい。なお，解答欄の（　　）には「超過」または「不足」を記入すること。

配賦差額がもっとも大きい費目	費	円（　　）

19－7　製品Ｓと製品Ｐを製造・販売しているＥＢＳ化学株式会社ではＡＢＣ（活動基準原価計算）を採用し，コストドライバーを利用して購買部門の費用を配賦している。次の［資料］により，各問いに答えなさい。

［資料］

1．各活動の年間予算

費　目	年間予算額	活動ドライバー	年間予定水準
発　　注	*64,000* 千円	発注件数（件）	8,000
受入検収	*32,640* 千円	検収件数（件）	13,600
検　　査	*21,600* 千円	検査回数（回）	4,800

2．当月の購買部門の実際発生費用

経済的資源		資源ドライバー	活　　動		
			発　注	受入検収	検　査
給　　料	*8,320* 千円	作業時間（時間）	720	340	240
通 信 費	*800* 千円	通信時間（時間）	80	12	8
リース代	*630* 千円	端末台数（台）	8	4	2

3．当月の実際生産データ

活　動	活動ドライバー	製品Ｓ	製品Ｐ
発　　注	発注件数（件）	420	260
受入検収	検収件数（件）	800	340
検　　査	検査回数（回）	240	140

問１　発注活動の製品Ｓへの予定配賦額を計算しなさい。

発注活動の製品Ｓへの予定配賦額	千円

問２　受入検収活動への実際配賦額を計算しなさい。

受入検収活動への実際配賦額	千円

問３　検査活動の配賦差額を計算しなさい。なお，解答欄の（　　）には「超過」または「不足」を記入すること。

検 査 活 動 の 配 賦 差 額	千円（　　）

20章 品質原価計算

▶教科書p.170～177

●要点整理

1 品質原価計算の意義

品質原価計算…生産工程をはじめ組織のどのような部分において，品質の維持・向上のためにどれだけの原価が発生しているかを測定し，その結果をこの投資によって生み出された便益に関する情報とともに経営管理者に報告するシステム

➡ 品質の管理，向上のための原価の把握と成果の評価

➡ 利益獲得機会の探索のための手法

●品質原価の分類

利益を生み出すための犠牲		利益に貢献しない無駄な支出※	
予防原価	**評価原価**	**内部失敗原価**	**外部失敗原価**
品質上の欠陥の発生を早い段階で防止するために支出される原価	品質レベル維持のため，製品ないし部品の品質評価に支出される原価	出荷「前」に発見された欠陥や品質不良の処理に関連して発生する原価	出荷「後」に発見された欠陥や品質不要の処理に支出される原価
品質管理，工程管理，品質計画，品質訓練など	材料受入検査，製品検査，外部機関による保証など	スクラップ，再作業，工場との技術的交渉など	苦情処理費，製品のアフターサービス，リコール費用など

※「問題が生じなければ得られたはずの利益」という側面もある

➡ 品質原価総額の低減よりも，予防原価や評価原価の支出に対し，失敗原価がどのように変化したか評価することが重要

2 品質原価計算の目的

●主な目的

① 品質管理・保証活動の予算化

② 当該諸活動の業績評価

③ 品質原価自体の体系的な把握

●より重要な目的

① 品質管理に関する従業員の意識高揚と情報の共有化の促進

② 業務改善のための投資や情報化促進のための投資効果の評価

歩留率…生産に投入された原材料の量に対して，実際に製品となった原材料の割合

不良率…生産された原材料のうち，生産の過程で不良品としてはじかれたものの割合

3 品質原価報告書

品質原価報告書…各品質原価の明細と予算額，売上高などの関連数値とこれら数値に対する比率などが記載された，四半期などの単位で発行される報告書

4 品質原価の分析

トレンド分析…予防原価や評価原価の投入により，失敗原価が減少しているか確認するために，品質原価のトレンドチャートを用いた分析

◆練習問題

20－1　次の品質原価計算に関する各文の［　　］の中に最も適当な語を記入しなさい。

① 品質上の欠陥を早い段階で防止するために支出される原価を［　ア　］といい，たとえば品質管理，工程管理，品質計画，品質訓練などに関連する原価があげられる。

② 製品ないし部品の品質を評価することによって，品質レベルを維持するために支出される原価を［　イ　］といい，たとえば購入材料の受入検査，製品検査，作業者による点検，品質監査，外部機関による保証，出荷前の再試験・再検査などに関連する原価があげられる。

③ 製品の出荷前に欠陥や品質不良が発見された場合の処理に関連して発生する原価を［　ウ　］といい，たとえばスクラップ，再作業，工場との技術的交渉などに関連する原価があげられる。

④ 製品の出荷後，市場で欠陥や品質不良が発見された場合の処理に関連して発生する原価を［　エ　］といい，たとえば苦情処理費，製品のアフターサービス，リコール費用などがあげられる。

ア	イ	ウ

エ

20－2　次の文の［　　］の中にあてはまる品質原価に関する用語を答えなさい。

「利益を生み出すための犠牲」である原価は［　ア　］原価と評価原価に，「利益に貢献しない無駄な支出」である原価は内部失敗原価と［　イ　］原価に分類される。品質原価計算が目指すべき方向は，総品質原価の削減ではなく，［　ア　］原価と評価原価の適正な配分によって，失敗原価の最小化を図っていくことが重要である。そこで，各品質原価の明細と予算額，売上高などの関連数値とこれら数値に対する比率などがまとめられた［　ウ　］が作成され，その発生額を時系列的に図表化された［　エ　］を用いて分析される。

ア	イ	ウ

エ

◆**確認問題**

20－3　次の［資料］は，山口工業株式会社の過去半年間の売上高と品質原価に関するものである。［資料］にもとづいて同社の品質原価報告書を作成しなさい。

［資料］

（千円）

	4月	5月	6月	7月	8月	9月
売上高	*71,000*	*70,000*	*70,000*	*70,900*	*68,900*	*69,200*
工程検査費	*250*	*270*	*250*	*260*	*280*	*250*
仕損費	*500*	*490*	*490*	*480*	*370*	*310*
品質教育訓練費	*290*	*300*	*230*	*200*	*200*	*220*
品質管理運営費	*600*	*620*	*600*	*600*	*580*	*600*
材料受入検査費	*160*	*160*	*160*	*160*	*160*	*160*
アフターサービス費	*180*	*180*	*240*	*220*	*200*	*160*
クレーム対応費	*170*	*150*	*150*	*150*	*150*	*150*
製品手直費	*50*	*50*	*50*	*40*	*50*	*60*

品質原価報告書

		（単位：千円）	対売上高比
売上高		（　　　）	
予防原価			
品質教育訓練費	（　　　）		
品質管理運営費	（　　　）	（　　　）	（　　　）%
評価原価			
工程検査費	（　　　）		
材料受入検査費	（　　　）	（　　　）	（　　　）%
予防原価・評価原価合計		（　　　）	（　　　）%
内部失敗原価			
仕損費	（　　　）		
製品手直費	（　　　）	（　　　）	（　　　）%
外部失敗原価			
アフターサービス費	（　　　）		
クレーム対応費	（　　　）	（　　　）	（　　　）%
失敗原価合計		（　　　）	（　　　）%

20－4　次の［品質関係の原価］を四つに分類し，記号で答えなさい。

［品質関係の原価］

ア．購入材料の受入検査　イ．工程管理　ウ．リコール費用　エ．スクラップ
オ．出荷前の再検査　カ．再作業　キ．品質訓練　ク．製品のアフターサービス

予防原価	評価原価
内部失敗原価	外部失敗原価

20－5　ある四半期の品質原価の実績が次のようであった場合，これをもとに今四半期の品質原価報告書を作成しなさい。なお，売上高の実績は *¥10,000,000* であった。報告書には品質原価の各費目の明細のほか，売上高との比率も示すこと。

仕損費	*¥79,000*	工程管理費	*¥147,000*
アフターサービス費	*¥56,000*	材料受入検査費	*¥101,000*
品質教育訓練費	*¥83,000*	製品検査費	*¥62,000*
品質監査費	*¥47,000*	製品回収費	*¥24,000*
再加工費	*¥51,000*		

品質原価報告書

		（単位：円）	対売上高比
売上高		*10,000,000*	
予防原価			
（　　　）			
（　　　）			%
評価原価			
（　　　）			
（　　　）			
（　　　）			%
予防原価･評価原価合計			%
内部失敗原価			
（　　　）			
（　　　）			%
外部失敗原価			
（　　　）			
（　　　）			%
失敗原価合計			%

◆発展問題

20－6　次の品質原価に関する［資料］より，⑴と⑵に該当するものの総額を答えなさい。

［資料］

①	返品廃棄処分費	*30,000* 円	②	品質検査不合格品の手直し費	*30,000* 円
③	製造工程改善費	*170,000* 円	④	仕損費	*170,000* 円
⑤	他社製品品質調査費	*50,000* 円	⑥	クレーム対応費	*50,000* 円
⑦	購入材料受入検査費	*46,000* 円	⑧	各工程中間検査費	*150,000* 円
⑨	仕損品の再検査費	*38,000* 円	⑩	品質保証教育訓練費	*150,000* 円
⑪	製品設計改善費	*180,000* 円	⑫	外部機関による保証費用	*90,000* 円

⑴　評　価　原　価	⑵　内部失敗原価
円	円

20－7　次の［資料］より，⑴～⑷の金額または比率を答えなさい。なお，比率については，解答上，端数が生じた場合には，％の小数点第２位を四捨五入し，第１位まで解答すること。

［資料］

1．売上高
　20x1 年度　*375,000* 千円　　20x2 年度　*450,000* 千円　　20x3 年度　*540,000* 千円

2．品質関連原価　（単位：千円）

	20x1 年度	20x2 年度	20x3 年度
廃棄処分された仕損品の仕損費	*7,680*	*6,900*	*3,520*
保証期間中の修理サービス費	*5,280*	*4,540*	*4,596*
工程管理運営費	*8,640*	*9,500*	*9,660*
品質管理教育訓練費	*13,600*	*14,960*	*15,040*
消費者苦情処理費	*2,400*	*2,200*	*1,884*
製造工程改善費	*4,320*	*5,080*	*5,080*
予防保全活動費	*7,680*	*8,740*	*8,960*
材料受入検査費	*4,160*	*4,740*	*4,900*
不合格品の補修費	*9,920*	*10,900*	*5,780*

⑴　20x1 年度の予防原価	⑵　20x2 年度の評価原価
千円	千円
⑶　20x3 年度の内部失敗原価	⑷　20x3 年度の外部失敗原価の対売上高比率
千円	%

20－8　次の［資料］より，各問いに答えなさい。

［資料］

1．過去半年間（下半期）の売上高および品質原価　　　　（単位：千円）

	10月	11月	12月	1月	2月	3月
売上高	*106,400*	*99,000*	*113,600*	*119,200*	*122,800*	*119,000*
仕損費	*1,500*	*1,350*	*1,260*	*1,230*	*1,200*	*1,200*
品質教育訓練費	*600*	*600*	*600*	*1,000*	*900*	*900*
品質管理運営費	*1,720*	*1,740*	*1,750*	*1,700*	*1,860*	*1,900*
材料受入検査費	*300*	*320*	*330*	*340*	*360*	*360*
製品検査費	*300*	*450*	*500*	*560*	*600*	*600*
アフターサービス費	*660*	*750*	*810*	*870*	*820*	*780*
製品回収費	*240*	*280*	*360*	*420*	*380*	*320*
補修作業費	*180*	*150*	*150*	*120*	*100*	*80*

2．トレンドチャート

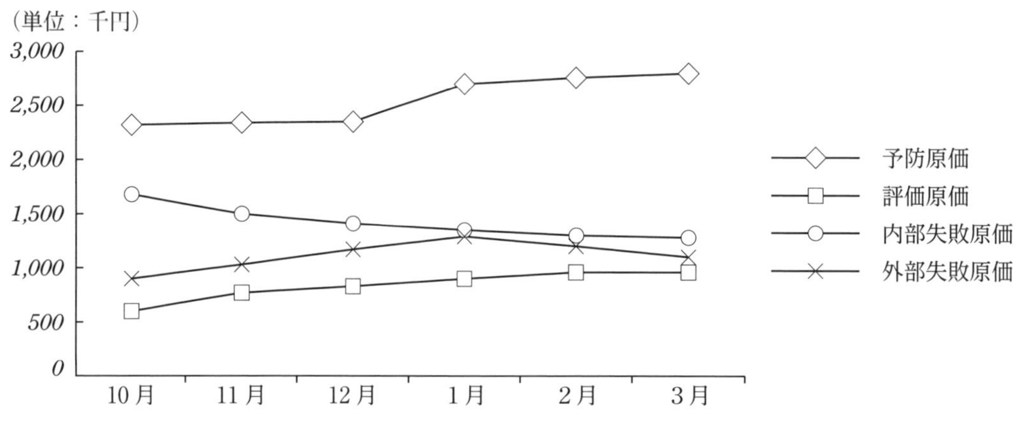

3．過去半年間（下半期）のトレンド分析

［　ア　］原価は全体的に減少傾向が見られたものの，［　イ　］原価については10月～1月において上昇傾向が見られた。そこで，1月の［　ウ　］原価を大幅に増やすとともに，製品の検査費を増額して対応した。その結果，2月以降の［　イ　］原価を減少させることができた。たしかに，品質原価全体の削減も大切だが，［　ウ　］原価や［　エ　］原価の適正な配分によって，失敗原価の最小化を図っていくことが重要である。

問1　過去半年間（下半期）の品質原価報告書を作成しなさい。ただし，（　　）には語句を，［　　］には数値を入れること。なお，計算上端数が生じた場合，％の小数点第3位を四捨五入し，第2位まで答えること。

品質原価報告書

	品質コスト	（単位：千円）	対売上高比
売上高		680,000	
予防原価			
品質教育訓練費	4,600		
品質管理運営費	10,670	15,270	2.25　％
評価原価			
（　　　）	［　　　］		
材料受入検査費	2,010	［　　　］	［　　　］％
内部失敗原価			
仕　損　費	7,740		
（　　　）	［　　　］	［　　　］	［　　　］％
外部失敗原価			
（　　　）	［　　　］		
製品回収費	2,000	［　　　］	［　　　］％
総品質原価		35,500	5.22　％

問2　［資料］3のトレンド分析の［ア］から［エ］にあてはまる語句を［資料］2トレンドチャートに記載された品質原価の4分類から選びなさい。

ア	イ	ウ

エ

21章 ライフサイクル・コスティング

▶教科書p.178～184

●要点整理

1 ライフサイクル・コスティングの意義

ライフサイクル・コスティング…研究開発から処分にいたるまでの設備のライフサイクル全体の原価を測定し，分析するための計算手法

➡ ライフサイクル・コストの予測・集計を通じて，総原価を最小化する代替案を選択

2 ライフサイクル・コスティングのステップ

●ライフサイクル・コスティングのステップ

ステップ1 設備の必要性を明確化する

ステップ2 ライフサイクル・コストの分析

① 設備の原価の予測

② 代替設備のライフサイクル・コストの見積もり

③ 最善の代替案の選択

ステップ3 実際の原価と計画したライフサイクル・コストとの比較分析

●ライフサイクル・コストの種類

タイプ	項目	
事前コスト（イニシャル・コスト）	（自社生産） 研究開発費，設計費，製造・建設費 （購入） 取得原価	
事後コスト（ランニング・コスト）	使用コスト	運用費・保守費
	処分コスト	廃棄費用・撤去費用

トレードオフ…一方を実現すると，他方を犠牲にしてしまう関係のことで，事前コストと事後コストの間にもトレードオフの関係が存在してしまう

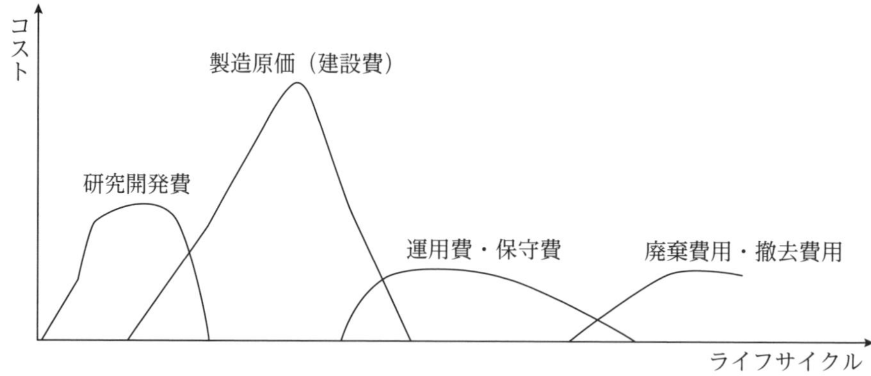

3 製品のライフサイクル・コスティング

●ライフサイクル・コスティングの展開

従来 設備を対象とした原価管理手法

➡ 所有に伴う総原価（total cost of ownership；ＴＣＯ）

近年 設備を用いて生産した製品が顧客の手に渡った後に発生するコストを含めて低減をはかり，顧客満足度を高める戦略を支援する情報システム

➡ プロダクト・ライフサイクル・コスト
➡ ＯＥＭや個別受注製品の場合，顧客の要望を聞いて設計可能
➡ 一般消費者向け製品の場合，顧客側の総原価を把握するのは困難

自動車や家電業界を中心に，販売業者から顧客のユーザー・コストの低減が要請されたり，地球環境問題を背景に，製品の廃棄・リサイクルコストなども含めて計算されるようになってきた

ＯＥＭ（Original Equipment Manufacturing）…製造元ではなく発注した会社の名義やブランド名で販売される製品の製造

◆練習問題

21－1　次の文の［　　］の中に最も適当な語を記入しなさい。

① ライフサイクル・コストは，［　ア　］と［　イ　］を合計したものである。

② 伝統的なライフサイクル・コスティングは，［　ウ　］の原価管理のための手法であったが，近年では，［　エ　］を対象としたライフサイクル・コスティングが台頭してきている。

③ ②の新しいライフサイクル・コスティングでは，［　オ　］に対する社会的な関心が高まるなか，回収費，［　カ　］などをライフサイクル・コストに加えようとする動きも活発化してきている。

ア	イ	ウ
エ	オ	カ

21－2　Ａ社では，工場内の天井クレーンの購入に関して，現在以下の二つのメーカーの機種に絞って検討を行っている。両製品のライフサイクル・コストを計算し，どちらが最適かを検討しなさい。なお，両案の経済命数は機種Ｘが８年（現価係数 0.6768　年金現価係数 6.463），機種Ｙが７年（現価係数 0.7107　年金現価係数 5.786）である。また割引率は５％とする。

	機　種　X	機　種　Y
事前コスト		
購入原価	¥24,000,000	¥22,000,000
事後コスト（年額）		
燃料費	¥700,000	¥800,000
保守点検費	¥1,000,000	¥900,000
使用後の下取価格	¥3,800,000	¥1,500,000

¥24,000,000＋（¥700,000＋¥1,000,000）×［　　　］－¥3,800,000×0.6768

＝機種Xのライフサイクル・コスト ¥［　　　］

¥［　　　］＋（¥［　　　］＋¥［　　　］）×［　　　］－¥［　　　］×0.7107

＝機種Yのライフサイクル・コスト ¥［　　　］

よって，［　　　］が最適である。

◆確認問題

21－3　次の文の［　　］の中に最も適当な語を記入しなさい。

［　ア　］の目的は，設備の取得前に，その取得から使用・廃棄にいたるまでの総原価を正確に予測し，それが最小となる代替案を選択することにある。この手法におけるコストには，設備の取得原価などの［　イ　］と，設備の保守費などの［　ウ　］がある。［　イ　］と［　ウ　］の間には，［　エ　］の関係が成立することも珍しくなく，両者の発生時点にはかなりのタイムラグが存在する。

ア	イ	ウ

エ

21－4　長野産業株式会社では，塗装機械の購入に関して，現在以下の二つのメーカーの機種に絞って検討を行っている。両製品のライフサイクル・コストを計算し，どちらが最適かを検討しなさい。なお，両機械の経済命数はＡ社が９年，Ｂ社が 10 年である。また割引率は４％（経済命数９年の年金現価係数は 7.435　経済命数 10 年の年金現価係数は 8.111）とする。

	A　社	B　社	(単位：千円)
事前コスト			
設備購入費	16,200	18,700	
運搬・据付費	1,500	1,500	
事後コスト			
運用・維持費	2,250	1,600	
保守点検費	250	100	
技術サポート費	300	150	
システム更新費	200	150	

	A　社	B　社	(単位：千円)
事前コスト			
事後コスト			
ライフサイクル・コスト			

よって，＿＿＿＿社の機械を購入する。

◆**発展問題**

21－5　ＫＤＲ建設では，建設機械の購入に関して，以下の三つのメーカーの機種に絞って検討をおこなっている。次の［資料］により，各機械のライフサイクル・コストを計算し，どの機械が最適かを検討しなさい。なお，千円未満の数値が出た場合については，端数処理をせず，そのまま記載すること。

［資料］

1．各社の事前コストと事後コスト

（単位：千円）

	O　社	S　社	M　社
事前コスト			
設備購入費	*25,800*	*22,950*	*22,200*
運搬・据付費	*1,500*	*1,500*	*1,500*
事後コスト（年間）			
運用・維持費	*2,595*	*3,225*	*3,480*
保守点検費	*330*	*420*	*495*
技術サポート費	*300*	*525*	*810*
システム更新費	*225*	*330*	*565*

2．各機械の経済命数は６年，年利率３％における年金現価係数は5.417とする。

（単位：千円）

	O　社	S　社	M　社
事前コスト	(　　　)	(　　　)	(　　　)
事後コスト	(　　　)	(　　　)	(　　　)
ライフサイクル・コスト	(　　　)	(　　　)	(　　　)

よって，＿＿＿＿社の機械が最適である。

21－6 MTI産業では，K社とJ社の2つのメーカーに絞って，組立機械の購入を検討している。次の［資料］により，各問いに答えなさい。

［資料］

1．各社の事前コストと事後コスト

（単位：千円）

	K　社	J　社
事前コスト		
設備購入費	*50,600*	*41,000*
運搬・据付費	*5,600*	*5,600*
事後コスト（年間）		
運用・維持費	*4,900*	*5,800*
保守点検費	*900*	*1,400*
技術サポート費	*1,200*	*1,500*
システム更新費	*1,000*	*1,300*

2．各機械の経済命数は7年，年利率5％における年金現価係数は5.786とする。

問1　K社の事前コストを計算しなさい。

K社の事前コスト	千円

問2　J社の事後コストの現在価値を計算しなさい。

J社の事後コスト	千円

問3　K社とJ社のライフサイクル・コストを求め，どちらが最適か判断しなさい。

K　　　社	J　　　社
千円	千円

よって，＿＿＿＿社の機械を購入すべきである。

（商業 746）管理会計準拠

管理会計準拠問題集

解答編

実教出版

第1編　管理会計と経営管理

■第1章　管理会計の意義と目的(p.3)

1－1

ア	イ	ウ
意思決定	経営管理者	計画
エ	オ	カ
統制	未来	マネジメント・コントロール・システム

1－2

ア	イ	ウ
科学的管理法	標準原価計算	企業予算
エ	オ	カ
利益計画	1980	ライフサイクル・コスティング
キ	ク	
意思決定	管理	

■第2章　管理会計と原価計算(p.5)

2－1

ア	イ	ウ
原価管理	予算管理(予算編成ならびに予算統制)	特殊原価調査(関連原価分析)
エ	オ	
コストビヘイビア	変動費	

(注)アとイは順不同

2－2

ア	イ	ウ
固定費	アクティビティ・コスト	管理不能費
エ		
責任会計		

2－3

ア	イ	ウ
コストビヘイビア	変動費	固定費
エ	オ	カ
アクティビティ・コスト	キャパシティ・コスト	責任会計
キ	ク	ケ
可能費	不能費	組織

■第3章　標準原価計算(p.7)

3－1

材料消費価格差異

借方		貸方	
(材　　料)(	*243,000*)		

賃　率　差　異

借方		貸方	
		(賃　　金)(	*24,400*)

仕　掛　品

借方		貸方	
材　　料(	*2,430,000*❶)	製　　品(	*6,000,000*)
賃　　金(	*1,586,000*❷)	原価差異(	*166,000*)
製造間接費(	*2,150,000*)		
(	*6,166,000*)	(	*6,166,000*)

材料消費数量差異

借方		貸方	
(仕　掛　品)(	*30,000*)		

作業時間差異

借方		貸方	
(仕　掛　品)(	*26,000*)		

予　算　差　異

借方		貸方	
(仕　掛　品)(	*40,000*)		

変動費能率差異

借方		貸方	
(仕　掛　品)(	*10,000*)		

固定費能率差異

借方		貸方	
(仕　掛　品)(	*24,000*)		

操業度差異

借方		貸方	
(仕　掛　品)(	*36,000*)		

解説

❶ 24,300kg×@*¥100*

❷ 1,220時間×@*¥1,300*

3－2

(1)　パーシャルプランの場合

材料消費価格差異

借方		貸方	
仕　掛　品	*11,000*		

賃　率　差　異

借方		貸方	
		(仕　掛　品)	*5,000*

仕　掛　品

借方		貸方	
材　　料	*220,000*	製　　品	*705,000*
賃　　金	*180,000*	原価差異	*55,000*
製造間接費	*360,000*		
	760,000		*760,000*

材料消費数量差異

借方		貸方	
(仕　掛　品)	*9,000*		

作業時間差異

借方		貸方	
(仕　掛　品)(	*10,000*)		

予　算　差　異

借方		貸方	
		仕　掛　品	*10,000*

変動費能率差異

借方		貸方	
仕　掛　品	*8,000*		

固定費能率差異

借方		貸方	
仕　掛　品	*12,000*		

操業度差異

借方		貸方	
(仕　掛　品)(	*20,000*)		

(2)　修正パーシャルプランの場合

材料消費価格差異

借方		貸方	
(材　　料)(	*11,000*)		

賃　率　差　異

借方		貸方	
		(賃　　金)(	*5,000*)

仕　掛　品

材料	(209,000)	製品	705,000
賃金	(185,000)	原価差異	(49,000)
製造間接費	(360,000)		
	(754,000)		(754,000)

材料消費数量差異

(仕掛品)	(9,000)		

作業時間差異

仕掛品	10,000		

予算差異

		(仕掛品)	(10,000)

変動費能率差異

(仕掛品)	(8,000)		

固定費能率差異

(仕掛品)	(12,000)		

操業度差異

仕掛品	20,000		

3－3

完成品原価	1,617,000❶ 円
月末仕掛品原価	104,000❷ 円
異常仕損費	7,000❸ 円
原価差異総額	△90,750❹ 円

解説

❶ 1,100個×¥1,470

❷ 100個×¥500＋100個×0.6×(¥500＋¥400)

❸ 1,100個×５％＝55個…正常仕損
60個－55個＝５個…異常仕損
５個×¥1,400

❹ ¥1,617,000＋¥104,000＋¥7,000－260個×¥500－260個×0.5×(¥500＋¥400)－5,050kg×@¥110－545時間×@¥1,050－¥444,000

3－4

完成品原価	1,617,000❶ 円
月初仕掛品原価	259,350❷ 円
月末仕掛品原価	109,200❸ 円
原価差異総額	△104,900❹ 円

解説

❶ 1,100個×¥1,470

❷ 260個×¥525＋260個×0.5×(¥525＋¥420)

❸ 100個×¥525＋100個×0.6×(¥525＋¥420)

❹ ¥1,617,000＋¥109,200－¥259,350－5,050kg×@¥110－545時間×@¥1,050－¥444,000

3－5

問１

7,800 kg

解説

7,800個÷0.8×2kg×0.4

問２

△555,000 円

解説

(7,800kg－8,910kg)×@¥500

問３

7,920 kg

解説

19,800kg×0.4

問４

A原料

原料配合差異	△60,000❶ 円
原料歩留差異	△495,000❷ 円

B原料

原料配合差異	△72,000❸ 円
原料歩留差異	396,000❹ 円

解説

❶ (7,800kg－7,920kg)×@¥500

❷ (7,920kg－8,910kg)×@¥500

❸ (7,800個÷0.8×2kg×0.6－19,800kg×0.6)×@¥400

❹ (19,800kg×0.6－10,890kg)×@¥400

3－6

問１

△90,000 円

解説

(@¥3,000－@¥3,200)×450時間

問２

△150,000 円

解説

(400時間－450時間)×@¥3,000

問３

375 時間

解説

750時間×0.5

問４

労働歩留差異	75,000❶ 円
労働ミックス差異	△225,000❷ 円

解説

❶ (400時間－375時間)×@¥3,000

❷ (375時間－450時間)×@¥3,000

問５

賃率差異	△30,000❸ 円
労働ミックス差異	112,500❹ 円
労働歩留差異	37,500❺ 円

解説

❸ (@¥1,500－@¥1,600)×300時間

❹ (750時間×0.5－300時間)×@¥1,500

❺ (400時間－750時間×0.5)×@¥1,500

3－7

問1

X製品

標準原価カード

	標準単価	標準消費量	金額
直接材料費	￥(1,000)	(10)kg	￥(10,000)
	標準賃率	標準直接作業時間	
直接労務費	￥(800)	(5)時間	￥(4,000)
	標準配賦率	標準直接作業時間	
製造間接費	￥(600)	(5)時間	￥(3,000)
	製品1個あたりの正味標準原価		￥(17,000)
正常仕損費		￥(17,000)×8%	￥(1,360)
	製品1個あたりの総標準原価		￥(18,360)

完成品原価	18,360,000❶ 円
月末仕掛品原価	1,420,000❷ 円
異常仕損費	170,000❸ 円
原価差異総額	△31,800❹ 円

解説

❶ 1,000個×￥18,360

❷ 100個×￥10,000＋100個×0.6×(￥4,000＋￥3,000)

❸ (90個－1,000個×8%)×￥17,000

❹ ￥18,360,000＋￥1,420,000＋￥170,000－11,900kg×@￥1,010－5,720時間×@￥790－￥3,444,000

問2

X製品

標準原価カード

	標準単価	標準消費量	金額
直接材料費	￥(1,000)	(10.8)kg	￥(10,800)
	標準賃率	標準直接作業時間	
直接労務費	￥(800)	(5.4)時間	￥(4,320)
	標準配賦率	標準直接作業時間	
製造間接費	￥(600)	(5.4)時間	￥(3,240)
	製品1個あたりの総標準原価		￥(18,360)

完成品原価	18,360,000❺ 円
月末仕掛品原価	1,533,600❻ 円
原価差異総額	△88,200❼ 円

解説

❺ 1,000個×￥18,360

❻ 100個×￥10,800＋100個×0.6×(￥4,320＋￥3,240)

❼ ￥18,360,000＋￥1,533,600－11,900kg×@￥1,010－5,720時間×@￥790－￥3,444,000

問3

X製品

標準原価カード

正常仕損費	￥(10,000)❽×8%	￥(800)
	製品1個あたりの総標準原価	￥(17,800)

解説

❽ ￥1,000×10kg

問4

X製品

標準原価カード

正常仕損費	￥(13,500)❾×8%	￥(1,080)
	製品1個あたりの総標準原価	￥(18,080)

解説

❾ ￥10,000＋(￥4,000＋￥3,000)×0.5

3－8

A原料

原料配合差異	24,000❶ 円
原料歩留差異	592,800❷ 円

B原料

原料配合差異	30,000❸ 円
原料歩留差異	△494,000❹ 円

解説

❶ (9,900個÷0.9×4.5kg×0.4－49,400kg×0.4)×@￥600

❷ (49,400kg×0.4－18,772kg)×@￥600

❸ (9,900個÷0.9×4.5kg×0.6－49,400kg×0.6)×@￥500

❹ (49,400kg×0.6－30,628kg)×@￥500

3－9

専門スタッフ

賃率差異	△50,400❶ 円
労働ミックス差異	126,000❷ 円
労働歩留差異	△30,000❸ 円

サポートスタッフ

賃率差異	△37,800❹ 円
労働ミックス差異	△63,000❺ 円
労働歩留差異	△15,000❻ 円

解説

❶ (@￥2,000－@￥2,200)×252時間

❷ (630時間×0.5－252時間)×@￥2,000

❸ (300時間－630時間×0.5)×@￥2,000

❹ (@￥1,000－@￥1,100)×378時間

❺ (630時間×0.5－378時間)×@￥1,000

❻ (300時間－630時間×0.5)×@￥1,000

■第4章　直接原価計算(p.19)

4－1

200,000 円

解説

￥198,000＋￥12,000－￥10,000

4－2

問1

損益計算書(全部原価計算)　(単位：千円)

Ⅰ 売上高		(5,500)
Ⅱ 売上原価		
期首製品棚卸高	(400)	
当期製造原価	(2,300)	
計	(2,700)	
期末製品棚卸高	(230)	(2,470)
売上総利益		(3,030)
Ⅲ 販売費及び一般管理費		(200)
営業利益		(2,830)

解説

① 全部原価計算なので，製品勘定には変動費・固定費の両方を記入整理する。

② 先入先出法なので，期末製品は当期製品の10,000個のうちの1,000個から構成される。

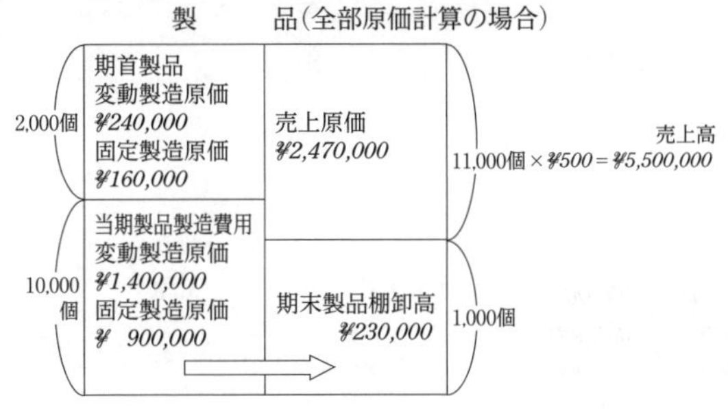

先入先出法なので，当期製品製造費用の単価 *¥230* が期末製品棚卸高の計算に使われる。

$$\frac{¥1,400,000+¥900,000}{10,000個}=@¥230$$

損益計算書(直接原価計算)　　(単位：千円)

Ⅰ 売　上　高			(5,500)
Ⅱ 変動売上原価			
期首製品棚卸高	(240)		
当期製造原価	(1,400)		
計	(1,640)		
期末製品棚卸高	(140)		(1,500)
変動製造マージン			(4,000)
Ⅲ 変動販売費			(120)
貢献利益			(3,880)
Ⅳ 固　定　費			
固定製造原価	(900)		
固定販売費	(80)		(980)
営業利益			(2,900)

解説

① 直接原価計算なので製品勘定には変動費のみを記入整理する。

② 期末製品は当期製品製造費用の変動製造原価 *¥1,400,000* から構成される。

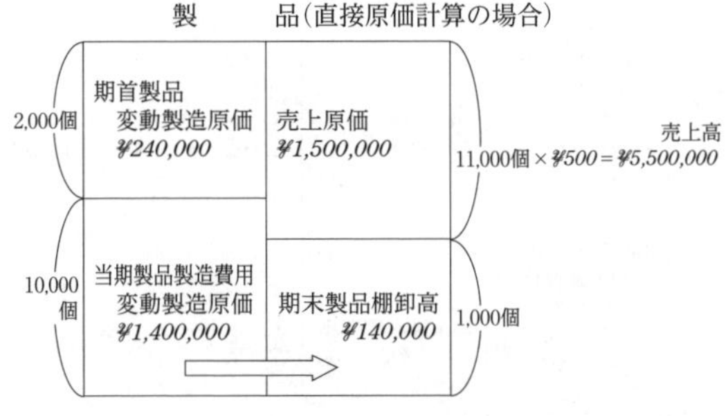

先入先出法なので，当期製品製造費用の単価 *¥140* が期末製品棚卸高の計算に使われる。

$$\frac{¥1,400,000}{10,000個}=@¥140$$

問2

直接原価計算の営業利益	*¥2,900,000*
期末製品固定製造原価	＋ *¥90,000*
期首製品固定製造原価	－*¥160,000*
全部原価計算の営業利益	*¥2,830,000*

解説

① 固定費調整は下記の算式による。
直接原価計算による営業利益
＋全部原価計算における期末製品および仕掛品原価に含まれる固定費部分
－全部原価計算における期首製品および仕掛品原価に含まれる固定費部分
＝全部原価計算における営業利益

② 本問では期首・期末ともに仕掛品がないため，期首と期末の製品に含まれる固定費のみを考える。

・期末製品固定製造原価
当期製品製造費用（固定製造原価）　当期完成数量　期末製品棚卸高
¥900,000　÷　10,000個　×　1,000個　＝*¥90,000*

・期首製品固定製造原価
問題文より *¥160,000*

4－3

問1

月末仕掛品原価	438,000❶ 円
完成品原価	6,192,000❷ 円
月末製品原価	580,500❸ 円
変動売上原価	6,056,000❹ 円

解説

❶ *¥4,275,000*×400個÷4,750個＋(*¥1,175,000*＋*¥658,000*)×400個×1/2÷4,700個

❷ *¥396,000*＋*¥81,000*＋*¥45,000*＋*¥4,275,000*＋*¥1,175,000*＋*¥658,000*－*¥438,000*

❸ *¥6,192,000*×450個÷4,800個

❹ *¥304,500*＋*¥84,000*＋*¥56,000*＋*¥6,192,000*－*¥580,500*

問2

月末仕掛品原価	494,000❺ 円
完成品原価	7,536,000❻ 円
月末製品原価	706,500❼ 円
売上原価	7,389,500❽ 円

解説

❺ *¥4,275,000*×400個÷4,750個＋(*¥1,175,000*＋*¥658,000*＋*¥1,316,000*)×400個×1/2÷4,700個

❻ *¥396,000*＋*¥81,000*＋*¥45,000*＋*¥84,000*＋*¥4,275,000*＋*¥1,175,000*＋*¥658,000*＋*¥1,316,000*－*¥494,000*

❼ *¥7,536,000*×450個÷4,800個

❽ *¥304,500*＋*¥84,000*＋*¥56,000*＋*¥115,500*＋*¥7,536,000*－*¥706,500*

4－4

損 益 計 算 書 (単位：円)

セグメント		A 製 品		B 製 品	合 計
Ⅰ 売 上 高		(*420,000*)		(*400,000*)	(*820,000*)
Ⅱ 変動売上原価					
1. 月初製品棚卸高	(*15,000*)		(*30,000*)		
2. 当月製造原価	(*225,000*)		(*270,000*)		
3. 月末製品棚卸高	(*30,000*)	(*210,000*)	(*50,000*)	(*250,000*)	(*460,000*)
変動製造マージン		(*210,000*)		(*150,000*)	(*360,000*)
Ⅲ 変動販売費		(*14,000*)		(*5,000*)	(*19,000*)
貢献利益		(*196,000*)		(*145,000*)	(*341,000*)
Ⅳ 個別固定費		(*40,000*)		(*20,000*)	(*60,000*)
セグメント・マージン		(*156,000*)		(*125,000*)	(*281,000*)
Ⅴ 共通固定費					(*35,000*)
営業利益					(*246,000*)

解説

変動販売費 販売数量700個×@*¥20*=*¥14,000*
個別固定費 *¥40,000*
共通固定費 *¥35,000*

変動販売費 販売数量500個×@*¥10*=*¥5,000*
個別固定費 *¥20,000*

4－5

問1

損益計算書(全部原価計算) (単位：千円)

Ⅰ 売 上 高		(*4,950*)
Ⅱ 売 上 原 価		
期首製品棚卸高	(*900*)	
当 期 製 造 原 価	(*2,900*)	
計	(*3,800*)	
期末製品棚卸高	(*580*)	(*3,220*)
売上総利益		(*1,730*)
Ⅲ 販売費及び一般管理費		(*350*)
営 業 利 益		(*1,380*)

損益計算書(直接原価計算) (単位：千円)

Ⅰ 売 上 高		(*4,950*)
Ⅱ 変動売上原価		
期首製品棚卸高	(*540*)	
当 期 製 造 原 価	(*2,000*)	
計	(*2,540*)	
期末製品棚卸高	(*400*)	(*2,140*)
変動製造マージン		(*2,810*)
Ⅲ 変動販売費		(*220*)
貢献利益		(*2,590*)
Ⅳ 固 定 費		
固定製造原価	(*900*)	
固定販売費	(*130*)	(*1,030*)
営業利益		(*1,560*)

解説

製 品(全部原価計算の場合)

3,000個
期首製品
変動製造原価
¥540,000
固定製造原価
¥360,000
売上原価
¥3,220,000
売上高
11,000個×*¥450*=*¥4,950,000*
10,000個
当期製品製造費用
変動製造原価
¥2,000,000
固定製造原価
¥ 900,000
期末製品棚卸高
¥580,000
2,000個

先入先出法なので，期末製品は当期製品製造費用の単価*¥290*が期末製品棚卸高の計算に使われる。

$$\frac{¥2,000,000+¥900,000}{10,000個}=@¥290$$

製 品(直接原価計算の場合)

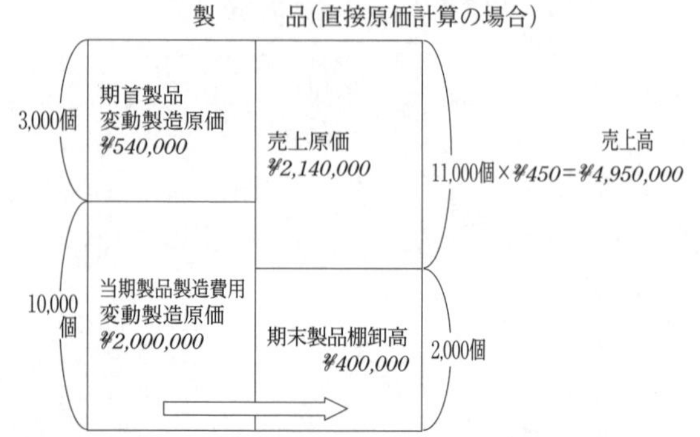

先入先出法なので，期末製品は当期製品製造費用の単価￥200が期末製品棚卸高の計算に使われる。

変動製造原価

$$\frac{￥2,000,000}{10,000個} = @￥200$$

問２

固定費調整	
直接原価計算の営業利益	1,560,000
期末製品固定製造原価	＋180,000
期首製品固定製造原価	－360,000
全部原価計算の営業利益	1,380,000

解説

・期末製品固定製造原価

当期製品製造費用（固定製造原価）　当期完成数量　期末製品棚卸高

￥900,000 ÷ 10,000個 × 2,000個 ＝￥180,000

・期首製品固定製造原価

問題文より￥360,000

4－6

固定費調整　（単位：円）

直接原価計算方式による営業利益		1,800,000
期末仕掛品固定費	（68,850）❶	
期末製品固定費	（49,080）❷	（117,930）
期首仕掛品固定費	（62,700）	
期首製品固定費	（73,650）	（136,350）
全部原価計算方式による営業利益		（1,781,580）

解説

❶ ￥619,650×1,500個×0.6÷7,500個＋1,500個×0.6－600個×0.5

❷ ￥62,700＋￥619,650－￥68,850×600個÷7,500個

4－7

問１

全部原価計算による月次損益計算書　（単位：円）

Ⅰ 売上高		（13,218,750）❶
Ⅱ 売上原価		
1．月初製品棚卸高	（840,000）❷	
2．当月製品製造原価	（11,304,000）❸	
合計	（12,144,000）	
3．月末製品棚卸高	（1,059,750）❹	（11,084,250）
売上総利益		（2,134,500）
Ⅲ 販売費及び一般管理費		
1．販売費	（1,201,750）❺	
2．一般管理費	（600,000）	（1,801,750）
営業利益		（332,750）

問２

直接原価計算による月次損益計算書　（単位：円）

Ⅰ 売上高		（13,218,750）❶
Ⅱ 変動売上原価		
1．月初製品棚卸高	（666,750）❻	
2．当月製品製造原価	（9,288,000）❼	
合計	（9,954,750）	
3．月末製品棚卸高	（870,750）❽	（9,084,000）
変動製造マージン		（4,134,750）
Ⅲ 変動販売費		（951,750）❾
貢献利益		（3,183,000）
Ⅳ 固定費		
1．製造間接費	（1,974,000）	
2．販売費	（250,000）	
3．一般管理費	（600,000）	（2,824,000）
営業利益（直接原価計算）		（359,000）
Ⅴ 固定費調整		
1．月末製品・仕掛品に含まれる固定費		（273,000）❿
2．月初製品・仕掛品に含まれる固定費		（299,250）⓫
営業利益（全部原価計算）		（332,750）

解説

❶ 7,050個×@￥1,875

❷ ￥456,750＋￥126,000＋￥84,000＋￥173,250

❸ ￥594,000＋￥121,500＋￥67,500＋￥126,000＋￥6,412,500＋￥1,762,500＋￥987,000＋￥1,974,000－￥6,412,500×600個÷7,125個－（￥1,762,500＋￥987,000＋￥1,974,000）×600個×1/2÷7,050個

❹ ￥11,304,000×675個÷7,200個

❺ @￥135×7,050個＋￥250,000

❻ ￥456,750＋￥126,000＋￥84,000

❼ ￥594,000＋￥121,500＋￥67,500＋￥6,412,500＋￥1,762,500＋￥987,000－￥6,412,500×600個÷7,125個－（￥1,762,500＋￥987,000）×600個×1/2÷7,050個

❽ ￥9,288,000×675個÷7,200個

❾ @￥135×7,050個

❿ ￥1,974,000×600個×1/2÷7,050個＋（￥126,000＋￥1,974,000－￥1,974,000×600個×1/2÷7,050個）×675個÷7,200個

⓫ ￥173,250＋￥126,000

4－8

問1

	甲製品	乙製品	丙製品	合　計
				(単位：千円)
Ⅰ　売上高	(8,900)	(13,200)	(6,405)	(28,505)
Ⅱ　売上原価	(7,358)❶	(10,990)❷	(5,175)❸	(23,523)
売上総利益	(1,542)	(2,210)	(1,230)	(4,982)
Ⅲ　販売費及び一般管理費	(1,424)❹	(1,920)	(976)	(4,320)
営業利益	(118)	(290)	(254)	(662)

問2

	甲製品	乙製品	丙製品	合　計
				(単位：千円)
Ⅰ　売上高	(8,900)	(13,200)	(6,405)	(28,505)
Ⅱ　変動売上原価	(5,877)❺	(9,320)❻	(3,965)❼	(19,162)
変動製造マージン	(3,023)	(3,880)	(2,440)	(9,343)
Ⅲ　変動販売費	(495)	(690)	(300)	(1,485)
貢献利益	(2,528)	(3,190)	(2,140)	(7,858)
Ⅳ　個別固定費				
1．固定製造間接費	(975)	(1,200)	(725)	(2,900)
2．固定販売費及び一般管理費	(675)	(990)	(405)	(2,070)
セグメント・マージン	(878)	(1,000)	(1,010)	(2,888)
Ⅴ　共通固定費				
1．固定製造間接費				(1,470)
2．固定販売費及び一般管理費				(765)
営業利益				(653)

解説

❶ 680千円＋3,940千円＋1,440千円＋6,120千円×1,440千円÷(1,440千円＋1,800千円＋1,080千円)－{3,940千円＋1,440千円＋6,120千円×1,440千円÷(1,440千円＋1,800千円＋1,080千円)}×450個÷4,500個

❷ 925千円＋6,630千円＋1,800千円＋6,120千円×1,800千円÷(1,440千円＋1,800千円＋1,080千円)－{6,630千円＋1,800千円＋6,120千円×1,800千円÷(1,440千円＋1,800千円＋1,080千円)}×500個÷6,000個

❸ 415千円＋2,490千円＋1,080千円＋6,120千円×1,080千円÷(1,440千円＋1,800千円＋1,080千円)－{2,490千円＋1,080千円＋6,120千円×1,080千円÷(1,440千円＋1,800千円＋1,080千円)}×200個÷3,000個

❹ 4,320千円×4,450個÷(4,450個＋6,000個＋3,050個)

❺ 540千円＋3,940千円＋1,440千円＋550千円－(3,940千円＋1,440千円＋550千円)×450個÷4,500個

❻ 795千円＋6,630千円＋1,800千円＋870千円－(6,630千円＋1,800千円＋870千円)×500個÷6,000個

❼ 325千円＋2,490千円＋1,080千円＋330千円－(2,490千円＋1,080千円＋330千円)×200個÷3,000個

■第5章　直接標準原価計算(p.30)

5－1

ア	イ	ウ
直接原価計算	標準原価計算	変動費
エ	オ	カ
固定費	価格差異	数量差異
キ	ク	
予算差異	能率差異	

(注)オとカ，キとクは順不同

5－2

直接標準原価計算による損益計算書　(単位：円)

Ⅰ	売　上　高		(27,200,000)
Ⅱ	標準変動売上原価		
	月初製品棚卸高	(1,700,000)	
	当月製造原価	(11,220,000)	
	合　計	(12,920,000)	
	月末製品棚卸高	(1,360,000)	(11,560,000)
	標準変動製造マージン		(15,640,000)
Ⅲ	標準変動販売費		(952,000)
	標準貢献利益		(14,688,000)
Ⅳ	変動原価差異		
	価格差異	(131,000)	
	数量差異	(－97,500)	
	賃率差異	(－392,000)	
	作業時間差異	(50,000)	
	予算差異	(－196,000)	
	能率差異	(20,000)	
	変動販売費差異	(－68,000)	(－552,500)
	実際貢献利益		(14,135,500)
Ⅴ	固　定　費		
	固定製造間接費予算額	(3,600,000)	
	固定販売費及び一般管理費	(1,500,000)	(5,100,000)
Ⅵ	固定原価差異		
	固定製造間接費差異	(－200,000)	
	固定販売費及び一般管理費差異	(－150,000)	(－350,000)
	営業利益		(8,685,500)

解説

直接標準原価計算では，変動製造費についてのみ原価標準が設定される。

〈仕掛品と製品の流れ〉

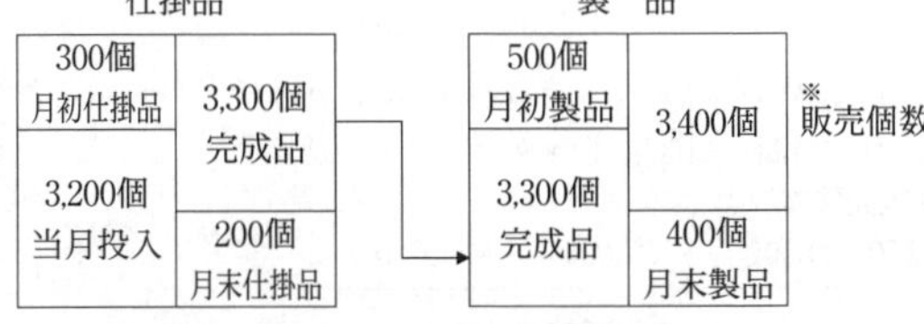

・売上高　@¥8,000×3,400個※＝¥27,200,000
・月初製品棚卸高　@¥3,400×500個＝¥1,700,000
・当月製造原価　@¥3,400×3,300個＝¥11,220,000
・月末製品棚卸高　@¥3,400×400個＝¥1,360,000
・標準変動販売費　@¥280×3,400個※＝¥952,000
・直接材料費差異

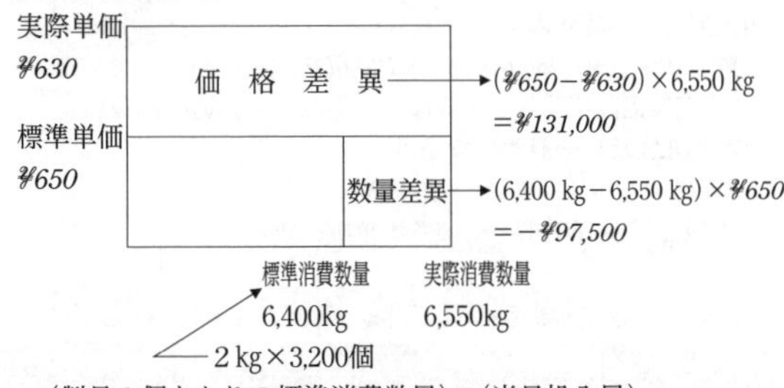

(製品1個あたりの標準消費数量)×(当月投入量)

・直接労務費差異

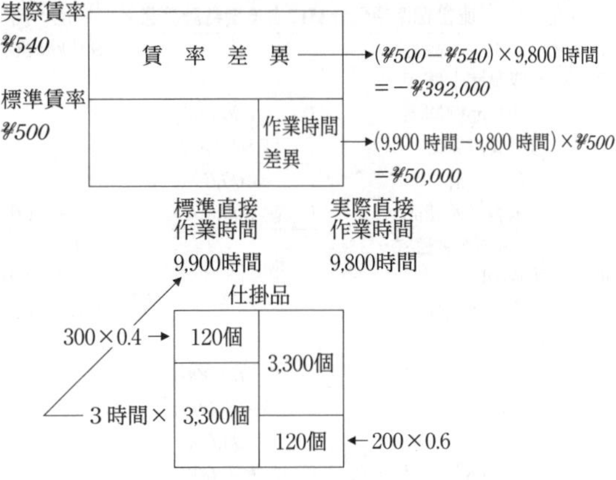

・変動製造間接費差異

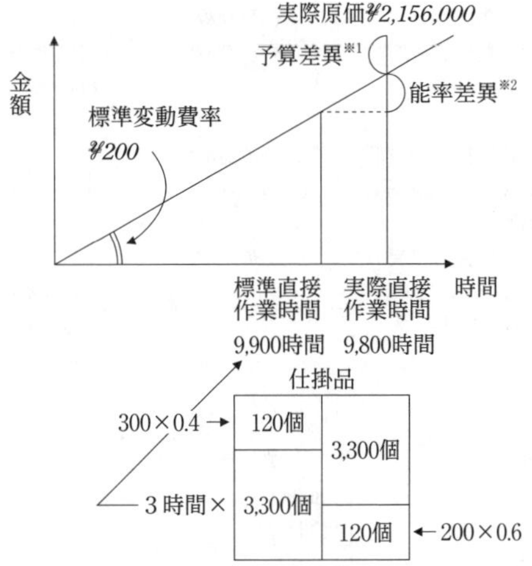

※1 (9,800時間×¥200)－¥2,156,000＝－¥196,000
※2 (9,900時間－9,800時間)×¥200＝¥20,000

・変動販売費差異

¥280×3,400個－¥1,020,000＝－¥68,000

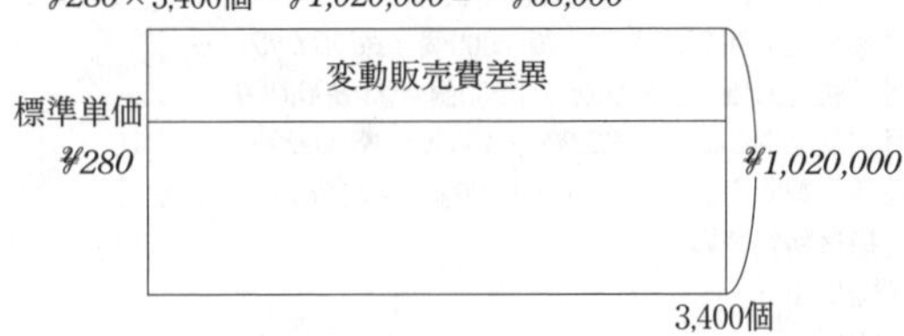

・固定製造間接費差異

¥3,600,000－¥3,800,000＝－¥200,000

(固定製造間接費月間予算額)－(実際固定製造間接費)

・固定販売費及び一般管理費差異

¥1,500,000－¥1,650,000＝－¥150,000

(固定販売費予算額)－(実際固定販売費)

5－3

直接標準原価計算による損益計算書　(単位：円)

Ⅰ　売上高			(9,000,000)
Ⅱ　標準変動売上原価			
月初製品棚卸高	(600,000)		
当月製造原価	(3,800,000)		
合　計	(4,400,000)		
月末製品棚卸高	(800,000)		(3,600,000)
標準変動製造マージン			(5,400,000)
Ⅲ　標準変動販売費			(270,000)
標準貢献利益			(5,130,000)
Ⅳ　変動原価差異			
価格差異	(－62,000)		
数量差異	(－80,000)		
賃率差異	(－205,000)		
作業時間差異	(－60,000)		
予算差異	(－41,000)		
能率差異	(－20,000)		
変動販売費差異	(－54,000)		(－522,000)
実際貢献利益			(4,608,000)
Ⅴ　固定費			
固定製造間接費予算額	(900,000)		
固定販売費及び一般管理費	(750,000)		(1,650,000)
Ⅵ　固定原価差異			
固定製造間接費差異	(－180,000)		
固定販売費及び一般管理費差異	(－70,000)		(－250,000)
営業利益			(2,708,000)

解説

〈仕掛品と製品の流れ〉

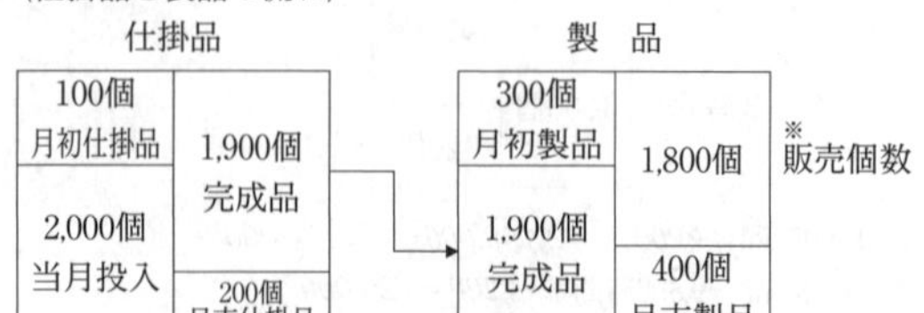

・売上高　@¥5,000×1,800個※＝¥9,000,000
・月初製品棚卸高　@¥2,000×300個＝¥600,000
・当月製造原価　@¥2,000×1,900個＝¥3,800,000
・月末製品棚卸高　@¥2,000×400個＝¥800,000
・標準変動販売費　@¥150×1,800個※＝¥270,000
・直接材料費差異

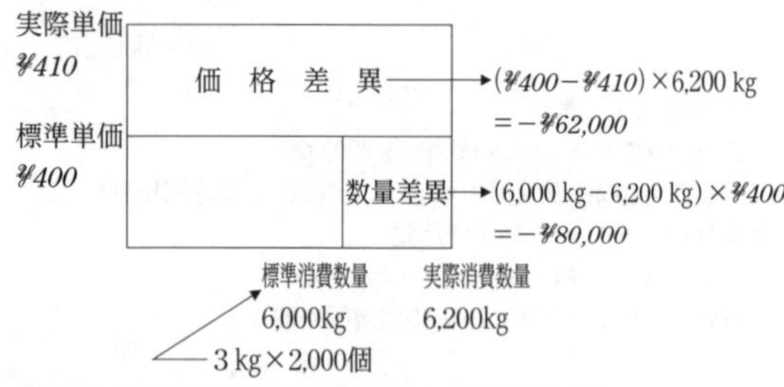

(製品1個あたりの標準消費数量)×(当月投入量)

・直接労務費差異

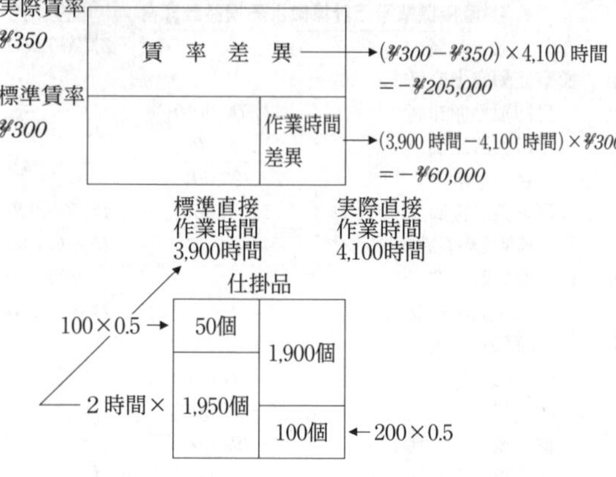

・変動製造間接費差異

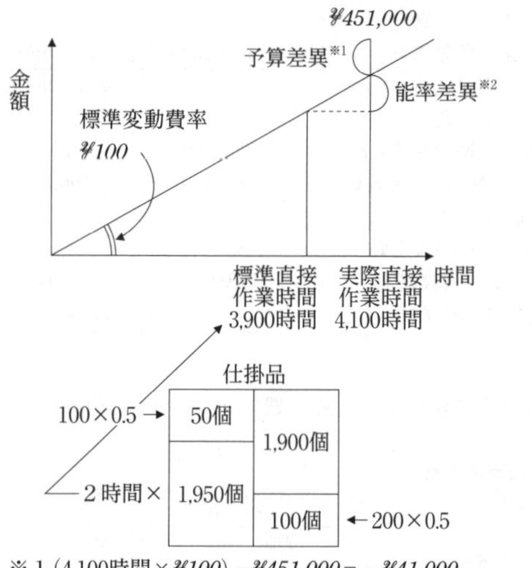

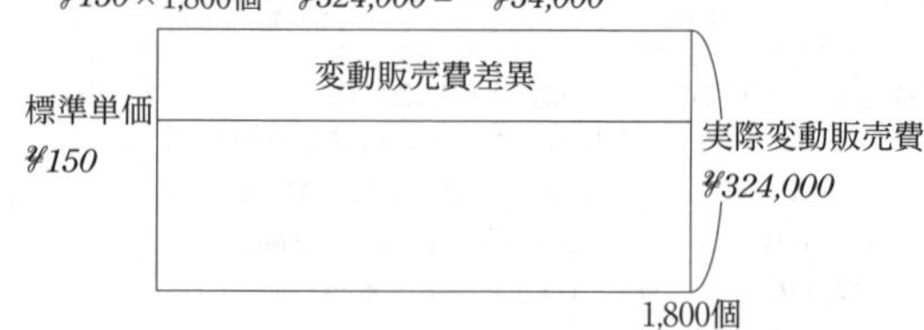

※1 (4,100時間×¥100)－¥451,000＝－¥41,000
※2 (3,900時間－4,100時間)×¥100＝－¥20,000

・変動販売費差異

¥150×1,800個－¥324,000＝－¥54,000

標準単価 ¥150 ／ 変動販売費差異 ／ 実際変動販売費 ¥324,000 ／ 1,800個

・固定製造間接費差異

¥900,000－¥1,080,000＝－¥180,000

(固定製造間接費月間予算額)－(実際固定製造間接費)

・固定販売費及び一般管理費差異

¥750,000－¥820,000＝－¥70,000

(固定販売費予算額)－(実際固定販売費)

5－4

損益計算書（直接標準原価計算） （単位：円）

Ⅰ 売　上　高		*90,000,000*
Ⅱ 標準変動売上原価		
月初製品棚卸高	（ *4,852,800*）❶	
当月製品製造原価	（ *63,086,400*）	
合　計	（ *67,939,200*）	
月末製品棚卸高	（ *7,279,200*）	（ *60,660,000*）
標準変動製造マージン		（ *29,340,000*）
Ⅲ 標準変動販売費		（ *3,600,000*）
標準貢献利益		（ *25,740,000*）
Ⅳ 変動原価差異		
1．材料消費価格差異	（ *378,720*）❷	
2．材料消費数量差異	（ *△473,760*）❸	
3．賃率差異	（ *△566,400*）❹	
4．作業時間差異	（ *△21,600*）❺	
5．（予算差異）	（ *414,720*）❻	
6．能率差異	（ *△17,280*）❼	
7．変動販売費差異	（ *50,020*）❽	（ *△235,580*）
実際貢献利益		（ *25,504,420*）
Ⅴ 固　定　費		
1．固定製造間接費予算額	（ *9,576,000*）	
2．固定販売費及び一般管理費	（ *3,360,000*）	（ *12,936,000*）
Ⅵ 固定原価差異		
固定製造間接費差異	（ *△312,000*）❾	
固定販売費及び一般管理費差異	（ *168,700*）❿	（ *△143,300*）
営業利益		（ *12,425,120*）

解説

❶ （*¥2,256*＋*¥3,240*＋*¥2,592*）×600個

❷ （@*¥564*－@*¥552*）×31,560kg

❸ （7,680個×4kg－31,560kg）×@*¥564*

❹ （@*¥1,080*－@*¥1,104*）×23,600時間

❺ ｛（7,800個＋720個×2/3－840個×1/2）×3時間－23,600時間｝×@*¥1,080*

❻ 23,600時間×@*¥864*－*¥19,975,680*

❼ ｛（7,800個＋720個×2/3－840個×1/2）×3時間－23,600時間｝×@*¥864*

❽ 7,500個×@*¥480*－*¥3,549,980*

❾ *¥9,576,000*－*¥9,888,000*

❿ *¥3,360,000*－*¥3,191,300*

5－5

損益計算書（直接標準原価計算） （単位：円）

Ⅰ 売　上　高		*14,345,000*
Ⅱ 標準変動売上原価		
月初製品棚卸高	（ *672,000*）❶	
当月製品製造原価	（ *8,624,000*）	
合　計	（ *9,296,000*）	
月末製品棚卸高	（ *840,000*）	（ *8,456,000*）
標準変動製造マージン		（ *5,889,000*）
Ⅲ 標準変動販売費		（ *566,250*）
標準貢献利益		（ *5,322,750*）
Ⅳ 変動原価差異		
1．材料消費価格差異	（ *△111,500*）❷	
2．材料消費数量差異	（ *70,000*）❸	
3．賃率差異	（ *39,500*）❹	
4．作業時間差異	（ *△196,000*）❺	
5．予算差異	（ *118,500*）❻	
6．（能率差異）	（ *△84,000*）❼	
7．変動販売費差異	（ *37,750*）❽	（ *△125,750*）
実際貢献利益		（ *5,197,000*）
Ⅴ 固　定　費		
1．固定製造間接費予算額	（ *3,120,000*）	
2．固定販売費及び一般管理費	（ *850,000*）	（ *3,970,000*）
Ⅵ 固定原価差異		
固定製造間接費差異	（ *127,000*）❾	
固定販売費及び一般管理費差異	（ *△80,000*）❿	（ *47,000*）
営業利益		（ *1,274,000*）

解説

❶ ｛*¥840*＋*¥980*＋（@*¥600*－*¥3,120,000*÷8,000時間）×2時間｝×300個

❷ （@*¥280*－@*¥290*）×11,150kg

❸ （3,800個×3kg－11,150kg）×@*¥280*

❹ （@*¥490*－@*¥485*）×7,900時間

❺ ｛（3,850個＋400個×1/2－450個×2/3）×2時間－7,900時間｝×@*¥490*

❻ @*¥210*×7,900時間－*¥1,540,500*

❼ ｛（3,850個＋400個×1/2－450個×2/3）×2時間－7,900時間｝×（@*¥600*－*¥3,120,000*÷8,000時間）

❽ （@*¥150*－@*¥140*）×3,775個

❾ *¥3,120,000*－*¥2,993,000*

❿ *¥850,000*－*¥930,000*

第2編　短期利益計画

■第6章　短期利益計画と原価予測(p.40)

6－1

① 高低点法

$$変動費率=\frac{¥56{,}000-¥36{,}400}{200時間-100時間}=¥196$$

固定費＝¥56,000－¥196×200時間＝¥16,800

または

12月	¥56,000＝200a＋b	最高点操業度
6月	－) ¥36,400＝100a＋b	最低点操業度
	¥19,600＝100a	

a＝¥196(変動費率)

¥56,000＝¥196×200＋b

b＝¥56,000－¥39,200

b＝¥16,800(固定費)

② 最小自乗法　(単位：円)

	X	Y	X^2	XY
4月	140	45,500	19,600	6,370,000
5月	180	51,800	32,400	9,324,000
6月	100	36,400	10,000	3,640,000
7月	160	48,300	25,600	7,728,000
8月	140	44,800	19,600	6,272,000
9月	190	53,200	36,100	10,108,000
10月	110	39,200	12,100	4,312,000
11月	160	49,000	25,600	7,840,000
12月	200	56,000	40,000	11,200,000
1月	140	43,400	19,600	6,076,000
2月	130	45,500	16,900	5,915,000
3月	150	47,600	22,500	7,140,000
合計	1,800	560,700	280,000	85,925,000

変動費率　$\frac{1{,}800\times 560{,}700-12\times 85{,}925{,}000}{1{,}800^2-12\times 280{,}000}=¥182$

固定費　$\frac{280{,}000\times 560{,}700-1{,}800\times 85{,}925{,}000}{12\times 280{,}000-1{,}800^2}=¥19{,}425$

6－2

ア	ゼロ	イ	準固定費	ウ	原価分解
エ	費用別精査法	オ	高低点法		

6－3

(単位：円)

	X	Y	X^2	XY
4月	170	282,000	28,900	47,940,000
5月	140	251,500	19,600	35,210,000
6月	200	287,500	40,000	57,500,000
7月	180	278,500	32,400	50,130,000
8月	180	280,000	32,400	50,400,000
9月	160	263,500	25,600	42,160,000
合計	1,030	1,643,000	178,900	283,340,000

①高低点法	変動費率	600 円/時間	固定費	167,500 円
②最小自乗法	変動費率	620 円/時間	固定費	167,400 円

解説

① 高低点法

$$変動費率=\frac{¥287{,}500-¥251{,}500}{200時間-140時間}=¥600$$

固定費＝¥287,500－¥600×200時間＝¥167,500

または

6月	¥287,500＝200a＋b	最高点操業度
5月	－) ¥251,500＝140a＋b	最低点操業度
	¥36,000＝60a	

a＝600(変動費率)

¥287,500＝¥600×200＋b

b＝¥287,500－¥120,000

b＝¥167,500(固定費)

② 最小自乗法

$$変動費率=\frac{1{,}030\times 1{,}643{,}000-6\times 283{,}340{,}000}{1{,}030^2-6\times 178{,}900}=¥620$$

$$固定費=\frac{178{,}900\times 1{,}643{,}000-1{,}030\times 283{,}340{,}000}{6\times 178{,}900-1{,}030^2}=¥167{,}400$$

6－4

問1

変動費率	80❶ 円/時間	固定費	4,000❷ 円

解説

❶ (¥37,600－¥20,000)÷(420時間－200時間)

❷ ¥37,600－420時間×@¥80，または，¥20,000－200時間×@¥80

問2

変動費率	85.4❸ 円/時間	固定費	3,264.1❹ 円

解説

❸ $\frac{3{,}720\times 356{,}800-12\times 115{,}492{,}000}{3{,}720^2-12\times 1{,}210{,}400}$

❹ $\frac{1{,}210{,}400\times 356{,}800-3{,}720\times 115{,}492{,}000}{12\times 1{,}210{,}400-3{,}720^2}$

問3

高低点法は，xとyについて，それぞれ二つのデータを組み合わせのみを用いて計算できることから簡便だが，【 ~~正常値~~ 異常値 】がデータとして活用される可能性も否定できないため，【 予測値 ~~実際値~~ 】の正確性には問題が残る。最小自乗法は数学的に傾向線の傾きを求めるために，多くのデータが使われる分だけ正確性が向上すると考えられる。

■第７章　CVP 分析と損益分岐点(p.44)

7－1

ア	イ	ウ
損益分岐点	変動費率	売上高
エ	オ	カ
総原価	売上高	貢献利益線
キ		
安全余裕率		

(注)ウとエは順不同

7－2

①	35%	②	¥1,600,000	③	¥2,400,000

解説

① $\frac{¥700,000}{¥2,000,000}=0.35(35\%)$

② $\frac{¥1,040,000}{1-0.35(\text{変動費率})}=¥1,600,000$

③ $\frac{¥1,040,000+¥520,000}{1-0.35(\text{変動費率})}=¥2,400,000$

7－3

①	¥1,400,000	②	30%

解説

① $\frac{¥1,000,000}{¥2,000,000}=0.5(\text{変動費率})$

$\frac{¥700,000}{1-0.5}=¥1,400,000$

② $\frac{¥2,000,000-¥1,400,000}{¥2,000,000}=0.3(30\%)$

7－4

ア	1	イ	6	ウ	15	エ	4	オ	11
カ	14	キ	12	ク	10	ケ	2	コ	7

7－5

①	36%	②	¥2,500,000	③	37.5%
④	¥4,500,000				

解説

① $\frac{¥1,440,000}{¥4,000,000}=0.36(36\%)$

② $\frac{¥1,600,000}{1-0.36}=¥2,500,000$

③ $\frac{¥4,000,000-¥2,500,000}{¥4,000,000}=0.375(37.5\%)$

④ $\frac{¥1,600,000+¥1,280,000}{1-0.36}=¥4,500,000$

7－6

①	30%	②	¥3,000,000	③	40%
④	¥5,500,000				

解説

① $\frac{¥1,500,000}{¥5,000,000}=0.3(30\%)$

② $\frac{¥2,100,000}{1-0.3}=¥3,000,000$

③ $\frac{¥5,000,000-¥3,000,000}{¥5,000,000}=0.4(40\%)$

④ $\frac{¥2,100,000+¥1,750,000}{1-0.3}=¥5,500,000$

7－7

①	¥8,200,000	②	¥8,000,000	③	60%

解説

① $\frac{¥1,920,000+¥3,000,000}{1-0.4}=¥8,200,000$

② $\frac{\text{目標利益}}{\text{売上高}}=\frac{x(\text{売上高})-0.4x(\text{変動費})-¥1,920,000}{x(\text{売上高})}=0.36$

$x(\text{売上高})-0.4x(\text{変動費})-¥1,920,000=0.36x$

$0.24x=¥1,920,000$

$x=¥8,000,000$

③ $\frac{¥8,000,000-¥3,200,000}{¥8,000,000}=0.6(60\%)$

7－8

問１

2,500 ❶ 個

問２

2,203,200 ❷ 円

問３

11,250,000 ❸ 円

解説

❶ ¥5,400,000÷(@¥3,600－@¥1,440)

❷ 3,200個×1.1×(@¥3,600－@¥1,440)－¥5,400,000

❸ $(x-2,500\text{個})\div x=0.2$ より算出

7－9

損益分岐点売上高	104,000,000 ❷ 円
製品Ｂの販売数量	4,800 ❶ 個

解説

❶ ¥34,560,000÷｛(¥14,000－¥5,500－¥2,250－¥1,350)
＋(¥11,500－¥5,000－¥2,150－¥900)×２÷３｝

❷ 4,800個×@¥14,000＋4,800個×２÷３×@¥11,500

■第８章　感度分析(p.48)

8－1

ア	イ	ウ
販売単価	販売量	変動費
エ	オ	カ
固定費	消費量の節約	仕入価格の引き下げ
キ	ク	
売上高線	総原価線	

(注)アとイとウとエ，オとカ，キとクは順不同

8－2

問１

変動費率 $=\frac{¥800}{¥2{,}000}=0.4$

$\frac{¥1{,}800{,}000}{1-0.4(\text{変動費率})}=¥3{,}000{,}000$(1,500個)

問２

販売量 2,600個→2,600個×1.2＝3,120個

¥2,000×3,120個－¥800×3,120個－¥1,800,000＝¥1,944,000

売上高　変動費　固定費

問３

販売単価 ¥2,000 → ¥2,000×1.2＝¥2,400

¥2,400×2,600個－¥800×2,600個－¥1,800,000＝¥2,360,000

売上高　変動費　固定費

問４

$\frac{x(\text{売上高})-¥3{,}000{,}000}{x(\text{売上高})}=0.4$

$x-¥3{,}000{,}000=0.4x$

$0.6x=¥3{,}000{,}000$

$x=¥5{,}000{,}000$

8－3

販売単価を ¥50 引き上げた場合の営業利益	¥1,100,000

解説

販売単価　¥600 → ¥600＋¥50＝¥650

¥650×5,000個－¥270×5,000個－¥800,000＝¥1,100,000

売上高　変動費　固定費

8－4

販売量が 1,000個増加した場合の営業利益	¥900,000

解説

販売量　8,000個→8,000個＋1,000個＝9,000個

¥400×9,000個－¥200×9,000個－¥900,000＝¥900,000

売上高　変動費　固定費

8－5

①	¥4,000,000	②	¥1,700,000	③	¥3,600,000

解説

① $\frac{¥3{,}850{,}000(@¥385)}{¥7{,}000{,}000(@¥700)}=0.55$(変動費率)

② 変動費 ¥385 → ¥385－¥35＝¥350

¥700×10,000個－¥350×10,000個－¥1,800,000＝¥1,700,000

売上高　変動費　固定費

③ $\frac{¥3{,}500{,}000(@¥350)}{¥7{,}000{,}000(@¥700)}=0.5$

$\frac{¥1{,}800{,}000}{1-0.5}=¥3{,}600{,}000$

8－6

①	¥3,200,000(4,000個)	②	¥1,480,000
③	¥1,760,000	④	¥6,400,000

解説

① $\frac{¥400}{¥800}=0.5$(変動費率)

$\frac{¥1{,}600{,}000}{1-0.5}=¥3{,}200{,}000$(損益分岐点における売上高)

$\frac{¥3{,}200{,}000}{¥800}=4{,}000$個(損益分岐点における販売量)

② 販売量　7,000個→7,000個×1.1＝7,700個

¥800×7,700個－¥400×7,700個－¥1,600,000＝¥1,480,000

売上高　変動費　固定費

③ 販売単価　¥800 → ¥800×1.1＝¥880

¥880×7,000個－¥400×7,000個－¥1,600,000＝¥1,760,000

売上高　変動費　固定費

④ $\frac{x(\text{売上高})-¥3{,}200{,}000}{x(\text{売上高})}=0.5$

$x-¥3{,}200{,}000=0.5x$

$0.5x=¥3{,}200{,}000$

$x=¥6{,}400{,}000$

8－7

①	¥2,100,000(50%)	②	¥1,260,000(37.5%)
③	¥900,000(30%)		

解説

① ¥1,500×4,000個－¥450×4,000個－¥2,100,000＝¥2,100,000

売上高　変動費　固定費

$\frac{¥450}{¥1{,}500}=0.3$(変動費率)

$\frac{¥2{,}100{,}000}{1-0.3}=¥3{,}000{,}000$(損益分岐点売上高)

$\frac{¥6{,}000{,}000-¥3{,}000{,}000}{¥6{,}000{,}000}=0.5$(50%)

② 販売量　4,000個→4,000個×0.8＝3,200個

¥1,500×3,200個－¥450×3,200個－¥2,100,000＝¥1,260,000

売上高　変動費　固定費

$\frac{¥450}{¥1{,}500}=0.3$(変動費率)

$\frac{¥2{,}100{,}000}{1-0.3}=¥3{,}000{,}000$(損益分岐点売上高)

$\frac{¥4{,}800{,}000-¥3{,}000{,}000}{¥4{,}800{,}000}=0.375$(37.5%)

③ 販売価格　¥1,500 → ¥1,500×0.8＝¥1,200

¥1,200×4,000個－¥450×4,000個－¥2,100,000＝¥900,000

売上高　変動費　固定費

$\frac{¥450}{¥1{,}200}=0.375$(変動費率)

$\frac{¥2{,}100{,}000}{1-0.375}=¥3{,}360{,}000$(損益分岐点売上高)

$$\frac{¥4,800,000 - ¥3,360,000}{¥4,800,000} = 0.3(30\%)$$

■第9章　最適セールス・ミックスの決定(p.52)

9－1

ア	イ	ウ
セールス・ミックス	制約条件	直接原価計算
エ	オ	カ
貢献利益	線形計画法	図解法

9－2

問1

必要なS型機械稼働時間は(16,000❶)時間で，最大可能機械稼働時間10,000時間を超えるので，S型機械稼働時間が(制約条件)である。

問2

製品 x	1,700❷ 円	製品 y	1,800❸ 円

問3

製品 x	425❹ 円	製品 y	360❺ 円

問4

製品 x	1,500❻ 個	製品 y	800❼ 個

問5

貢献利益	3,990,000❽ 円

解説

❶ 1,500個×4時間＋2,000個×5時間
❷ @¥2,500－@¥800
❸ @¥3,000－@¥1,200
❹ @¥1,700÷4時間
❺ @¥1,800÷5時間
❻・❼ 製品yよりも製品xの方が，制約条件となるS型機械の1時間あたり貢献利益が高いので，製品xを最大限に生産し，残った時間(遊休能力)で製品yを生産する
➡ 10,000時間－(1,500個×4時間)÷5時間
❽ 1,500個×@¥1,700＋800個×@¥1,800

9－3

ア	イ	ウ
最大化	営業利益	一つ
エ	オ	
貢献利益	線形計画法	

9－4

X	600個	Y	2,500個	Z	2,300個

解説

	X	Y	Z
販売価格	¥900	¥1,200	¥1,500
単位あたり変動費	¥450	¥480	¥840
単位あたり貢献利益	¥450	¥720	¥660
時間あたり貢献利益	¥450÷3時間＝¥150	¥720÷4時間＝¥180	¥660÷4時間＝¥165
優先度	3番	1番	2番

意思決定：最大可能操業度の範囲内で製品Y・製品Z・製品Xの順に製造する。

Yの予想需要量　2,500個×直接作業時間4時間＝10,000時間
　最大可能操業度21,000時間－10,000時間＝11,000時間(残時間)
Zの予想需要量　2,300個×直接作業時間4時間＝9,200時間
　11,000時間－9,200時間＝1,800時間(残時間)
Xの製造可能量　1,800時間÷直接作業時間3時間＝600個
　最適セールス・ミックス(製品X　600個　製品Y　2,500個
　製品Z　2,300個)

9－5

X	1,800個	Y	3,300個

解説

制約条件が複数あるため，貢献利益を基礎とする分析ではなく，線形計画法を用いる。

制約条件(製品Xの生産量をx　製品Yの生産量をyとする。)

・第1工程の最大可能作業時間12,000時間

$$3x + 2y \leqq 12{,}000 \cdots\cdots\cdots(1)$$

・第2工程の最大可能作業時間6,900時間

$$2x + y \leqq 6{,}900 \cdots\cdots\cdots(2)$$

・製品X・Yの生産量はマイナスにはならない

$$x \geqq 0,\ y \geqq 0 \cdots\cdots\cdots(3)$$

(1)・(2)の式ともに右辺が左辺とイコール(＝)で結ばれることがもっとも望ましいため，(1)・(2)の式を連立方程式にする。

$$\begin{cases} 3x + 2y = 12{,}000 \cdots\cdots\cdots(1) \\ 2x + y = 6{,}900 \cdots\cdots\cdots(2) \end{cases}$$

(2)をyについて解くと　$y = 6{,}900 - 2x$………これを(1)に代入する。

$3x + 2(6{,}900 - 2x) = 12{,}000$

$3x + 13{,}800 - 4x = 12{,}000$

$x = 1{,}800$………これを先ほどの式に代入する。

$y = 6{,}900 - 2 \times 1{,}800$

$y = 6{,}900 - 3{,}600$

$y = 3{,}300$

最適セールス・ミックス(製品X　1,800個　製品Y　3,300個)

9－6

①	X	3,000個	Y	900個
②	¥3,350,000			

解説

	X	Y
販売価格	¥2,000	¥4,000
単位あたり変動費	¥700	¥1,500
単位あたり貢献利益	¥1,300	¥2,500
重量あたり貢献利益	¥1,300÷2.5kg＝¥520	¥2,500÷5kg＝¥500
優先度	1番	2番

意思決定：製品Xを優先して製造，残りの材料で製品Yを製造する。
Xの予想需要量　3,000個×Q材料消費高 2.5kg＝7,500kg
　Q材料最大可能消費高 12,000kg－7,500kg＝4,500kg(残材料)
Yの製造可能量　4,500kg÷Q材料消費高 5kg＝900個
　最適セールス・ミックス(製品X　3,000個　製品Y　900個)
　¥1,300×3,000個（製品Xの貢献利益）＋ ¥2,500×900個（製品Yの貢献利益）－ ¥2,800,000（固定費）＝¥3,350,000

9－7

①	X	2,500個	Y	2,000個	Z	1,000個
②	¥1,640,000					

解説

	X	Y	Z
販売価格	¥1,200	¥1,000	¥700
単位あたり変動費	¥420	¥400	¥210
単位あたり貢献利益	¥780	¥600	¥490
重量あたり貢献利益	¥780÷2kg＝¥390	¥600÷1kg＝¥600	¥490÷1.5kg＝¥326.6…
優先度	2番	1番	3番

意思決定：R材料最大可能消費高の範囲内で製品Y・製品X・製品Zの順に製造する。
Yの予想需要量　2,000個×R材料消費高 1kg＝2,000kg
　R材料最大可能消費高 8,500kg－2,000kg＝6,500kg(残材料)
Xの予想需要量　2,500個×R材料消費高 2kg＝5,000kg
　6,500kg－5,000kg＝1,500kg(残材料)
Zの製造可能量　1,500kg÷R材料消費高 1.5kg＝1,000個
　最適セールス・ミックス(製品X　2,500個　製品Y　2,000個　製品Z　1,000個)
　¥780×2,500個（製品Xの貢献利益）＋ ¥600×2,000個（製品Yの貢献利益）＋ ¥490×1,000個（製品Zの貢献利益）－ ¥2,000,000（固定費）＝¥1,640,000

9－8

①	X	500個	Y	4,500個
②	¥4,300,000			

解説

	X	Y
販売価格	¥5,000	¥4,000
単位あたり変動費	¥2,400	¥2,000
単位あたり貢献利益	¥2,600	¥2,000

　制約条件が複数あるため，貢献利益を基礎とする分析ではなく，線形計画法を用いる。
制約条件(製品Xの生産量をx　製品Yの生産量をyとする
・S材料最大可能消費高 16,000kg

$$5x+3y \leqq 16{,}000 \cdots\cdots(1)$$

・T機械最大可能稼働時間 10,000時間

$$2x+2y \leqq 10{,}000 \cdots\cdots(2)$$

・製品X・Yの生産量はマイナスにはならない

$$x \geqq 0,\ y \geqq 0 \cdots\cdots(3)$$

　(1)・(2)の式ともに右辺が左辺とイコール(＝)で結ばれることがもっとも望ましいため，(1)・(2)の式を連立方程式にする。

$$\begin{cases} 5x+3y=16{,}000 \cdots\cdots(1) \\ 2x+2y=10{,}000 \cdots\cdots(2) \end{cases}$$

(2)をyについて解くと　$2y=10{,}000-2x$
$y=5{,}000-x$………これを(1)に代入する。
$5x+3(5{,}000-x)=16{,}000$
$5x+15{,}000-3x=16{,}000$
$2x=1{,}000$
$x=500$………これを先ほどの式に代入する。

$y=5{,}000-500$
$y=4{,}500$
　最適セールス・ミックス(製品X　500個　製品Y　4,500個)
　¥2,600×500個（製品Xの貢献利益）＋ ¥2,000×4,500個（製品Yの貢献利益）－ ¥6,000,000（固定費）
　＝¥4,300,000

9－9

問1

x 製 品	2,000❶ 個	y 製 品	500❷ 個

問2

*5,300,000*❸ 円

解説

❶・❷［手順］

(1) 1個あたりの貢献利益

x製品：@*¥4,400*（@*¥8,000*－@*¥3,600*）

y製品：@*¥3,000*（@*¥6,000*－@*¥3,000*）

(2) 制約条件となる材料の1kgあたり貢献利益

x製品：@*¥550*（@*¥4,400*÷8kg）

y製品：@*¥750*（@*¥3,000*÷4kg）

➡ y製品を優先

制約条件となる機械の1時間あたり貢献利益

x製品：@*¥1,100*（@*¥4,400*÷4時間）

y製品：@*¥375*（@*¥3,000*÷8時間）

➡ x製品を優先

よって，線形計画法により算定

(3) 目的関数：$z=4{,}400x+3{,}000y$

制約条件：$8x+4y\leqq 18{,}000$

$4x+8y\leqq 12{,}000$

$x\geqq 0,\ y\geqq 0$

よって，$8x+4y=18{,}000$

$4x+8y=12{,}000$

連立方程式を解いた結果，xは2,000個，yは500個

❸ 2,000個×@*¥4,400*＋500個×@*¥3,000*－*¥5,000,000*

9－10

問1

製 品 甲	3,200❶ 個	製 品 乙	2,400❷ 個
製 品 丙	6,000❸ 個		

問2

*12,496,000*❹ 円

問3

*2,960*❺ 円

解説

❶・❷・❸［手順］

(1) 1個あたりの貢献利益

製品甲：@*¥2,200*（@*¥5,400*－@*¥2,800*－@*¥400*）

製品乙：@*¥1,440*（@*¥4,000*－@*¥2,200*－@*¥360*）

製品丙：@*¥1,000*（@*¥3,000*－@*¥1,800*－@*¥200*）

(2) 制約条件となる機械の1時間あたり貢献利益

製品甲：@*¥550*（@*¥2,200*÷4時間）

製品乙：@*¥480*（@*¥1,440*÷3時間）

製品丙：@*¥500*（@*¥1,000*÷2時間）

➡ 1位：製品甲，2位：製品丙，3位：製品乙

製品甲3,200個生産に必要な機械加工時間

：12,800時間（残りの機械加工時間19,200時間）

製品丙6,000個生産に必要な機械加工時間

：12,000時間（残りの機械加工時間7,200時間）

よって，製品乙の生産量は2,400個（7,200時間÷3時間）

❹ 3,200個×@*¥2,200*＋2,400個×@*¥1,440*＋6,000個×@*¥1,000*－*¥4,000,000*

❺ @*¥3,000*－(@*¥500*－@*¥480*)×2時間

第3編　企業予算

■第10章　企業予算の編成(p.58)

10－1

ア	イ	ウ
予算統制	部門予算	見積損益計算書
エ		
見積貸借対照表		

10－2

¥1,354,240

解説

次期販売予測額＝(前期売上高±次期売上高増減)×経済情勢を反映する実現指数×経営者判断による実現指数

次期販売予測額＝(*¥1,170,000*＋*¥110,000*)×0.92×1.15

10－3

1,230 単位

解説

1,200単位＋150単位－120単位

10－4

問1

ア	イ
*1,500,000*❶	*1,500,000*❷
ウ	エ
*3,050,000*❸	*12,000,000*❹

解説

❶ @*¥600*×2,500個

❷ @*¥500*×3,000個

❸ @*¥600*×2,500個＋@*¥500*×3,100個

❹ @*¥600*×10,000個＋@*¥500*×12,000個

問2

ア	イ
240	2,650❺
ウ	エ
250	2,990❻
オ	
12,000❼	

解説

❺ 2,400個＋250個

❻ 3,000個＋290個－300個

❼ 12,000個＋(300個＋310個＋300個＋290個)－(290個＋300個＋310個＋300個)

10－5

問1

ア	イ
*625,000*❶	*384,000*❷
ウ	エ
*300,000*❸	*540,000*❹
オ	
*7,920,000*❺	

解説
❶ 2,500個×*¥250*
❷ 2,400個×*¥160*
❸ 2,500個×*¥120*
❹ 3,000個×*¥180*
❺ 12,000個×*¥660*

問2

ア	イ
12,500❻	2,500
ウ	エ
15,100❼	2,400
オ	カ
48,000❽	2,880,000❾

解説
❻ 2,500個×5kg
❼ 2,500個×5kg＋2,600kg
❽ 12,000個×4kg＋(2,400kg＋2,480kg＋2,400kg＋2,320kg)
－(2,320kg＋2,400kg＋2,480kg＋2,400kg)
❾ 48,000kg×@*¥60*

10－6

問1

製品甲	製品乙
*1,200,000*❶ 円	*1,200,000*❷ 円

解説
❶ 1,200個×@*¥1,000*
❷ 1,500個×@*¥800*

問2

製品甲	製品乙
1,250❸ 個	1,500❹ 個

解説
❸ 100個＋1,250個－100個
❹ 100個＋1,550個－150個

問3

製品甲の直接材料費	製品乙の直接労務費
*325,000*❺ 円	*120,000*❻ 円

解説
❺ (100個＋1,300個－100個)×*¥250*
❻ (150個＋1,450個－100個)×*¥80*

問4

製品甲の製造に必要な材料購入量	製品乙の製造に必要な材料仕入予算
6,250❼ kg	*384,000*❽ 円

解説
❼ (100個＋1,250個－100個)×5kg
❽ (150個＋1,600個－150個)×4kg×@*¥60*

問5

ア	イ
*2,400,000*❾ 円	*2,398,000*❿ 円

解説
❾ 1,200個×@*¥1,000*＋1,500個×@*¥800*
❿ *¥55,000*＋*¥2,400,000*－*¥57,000*

問6

ウ	エ
*696,500*⓫ 円	*36,000*⓬ 円

解説
⓫ (100個＋1,250個－100個)×5kg×@*¥50*＋(150個＋1,600個－150個)×4kg×@*¥60*
⓬ *¥38,500*＋*¥696,500*－*¥699,000*

10－7

問1

ア	イ
38,000❶ 個	*19,520,000*❷ 円

解説
❶ {*¥10,140,000*＋*¥22,572,000*＋*¥7,552,000*＋*¥49,196,000*
－*¥7,680,000*－(24,000個×@*¥2,030*)}÷@*¥870*
❷ (24,000個＋1,500個－1,800個＋1,300個×0.5－1,000個×0.35)
×*¥320*＋(38,000個＋500個－1,000個＋1,500個×0.2－2,000個
×0.4)×*¥320*

問2

予定損益計算書

令和○年第1四半期　　(単位：円)

製品	製品甲	製品乙	合計
売上高	(*48,720,000*)❸	(*33,060,000*)❹	(*81,780,000*)
売上原価	(*33,600,000*)❺	(*22,800,000*)❻	(*56,400,000*)
売上総利益	(*15,120,000*)	(*10,260,000*)	(*25,380,000*)
販売費			(*9,035,600*)❼
支払利息			(*224,000*)
当期純利益			(*16,120,400*)

解説
❸ 24,000個×@*¥2,030*
❹ 38,000個×@*¥870*
❺ 24,000個×*¥1,400*
❻ 38,000個×*¥600*
❼ *¥8,578,000*＋*¥990,000*×0.32＋*¥140,800*

10－8

問1

売上高	*33,890,000*❶ 円
当期製品製造原価	*20,100,000*❷ 円
減価償却費(ア)	*49,500*❸ 円
営業利益	*8,801,500*❹ 円

解説
❶ *¥4,000*×5,100個＋@*¥3,550*÷0.5×1,900個
❷ 5,100個＋300個－400個×*¥2,600*＋1,900個＋200個－100個
×*¥3,550*
❸ *¥33,890,000*×0.15×0.4－*¥1,428,500*－*¥537,500*－*¥6,750*
－*¥9,000*－*¥2,150*
❹ *¥33,890,000*－5,100個×*¥2,600*－1,900個×*¥3,550*
－*¥33,890,000*×0.15

問2

現金による支払い(イ)	*6,500,000*❺ 円

解説
❺ {(5,100個＋300個－400個)×6kg＋2,000kg－3,000kg}
×@*¥150*＋{(1,900個＋200個－100個)×4kg＋700kg－500kg}
×@*¥250*＋*¥1,150,000*－*¥1,050,000*

■第11章　予算統制(p.70)

11－1

ア	イ	ウ
是正措置	業績評価	予算

エ	オ
実績	差異

(注)アとイ，ウとエは順不同

11－2

販売数量差異	G製品　*76,800*　円	H製品　－*43,200*　円
販売価格差異	G製品　－*93,600*　円	H製品　*32,400*　円

解説

販売数量差異＝(実際販売数量－予算販売数量)×予算販売価格
販売価格差異＝(実際販売価格－予算販売価格)×実際販売数量

G製品　販売数量差異 *¥76,800*＝(780個－700個)×@*¥960*
　　　販売価格差異－*¥93,600*＝(@*¥840*－@*¥960*)×780個

H製品　販売数量差異－*¥43,200*＝(540個－600個)×@*¥720*
　　　販売価格差異 *¥32,400*＝(@*¥780*－@*¥720*)×540個

11－3

売上原価価格差異	G製品　*15,600*　円	H製品　－*64,800*　円
売上原価数量差異	G製品　－*48,000*　円	H製品　*28,800*　円

解説

売上原価価格差異＝(予算売上単位原価－実際売上単位原価)×実際販売数量
売上原価数量差異＝(予算販売数量－実際販売数量)×予算売上単位原価

G製品　売上原価価格差異 *¥15,600*＝(@*¥600*－@*¥580*)×780個
　　　売上原価数量差異－*¥48,000*＝(700個－780個)×@*¥600*

H製品　売上原価価格差異－*¥64,800*＝(@*¥480*－@*¥600*)×540個
　　　売上原価数量差異 *¥28,800*＝(600個－540個)×@*¥480*

11－4

問1

販売価格差異	甲製品　－*15,600*❶ 円	乙製品　－*4,160*❸ 円
販売数量差異	甲製品　*29,600*❷ 円	乙製品　－*10,200*❹ 円

解説

❶ (@*¥750*－@*¥800*)×312個
❷ (312個－275個)×@*¥800*
❸ (@*¥580*－@*¥600*)×208個
❹ (208個－225個)×@*¥600*

問2

【分析図】

甲　予算販売単価(*800*)円
乙　予算販売単価(*600*)円

セールスミックス差異	総販売量差異

甲　実際販売数量(312)個　　a (286)個　予算(55)%　　予算販売数量(275)個
乙　実際販売数量(208)個　　b (234)個　予算(45)%　　予算販売数量(225)個
計　実際販売総量(520)個

セールスミックス差異	甲製品　*20,800*❺ 円	乙製品　－*15,600*❼ 円
総販売量差異	甲製品　*8,800*❻ 円	乙製品　*5,400*❽ 円

解説

❺ (312個－286個)×@*¥800*
❻ (286個－275個)×@*¥800*
❼ (208個－234個)×@*¥600*
❽ (234個－225個)×@*¥600*

11－5

変動売上原価価格差異	G製品　*19,500*　円	H製品　－*64,800*　円
変動売上原価数量差異	G製品　－*25,200*　円	H製品　*25,200*　円
変動販売費価格差異	G製品　*780*　円	H製品　－*2,700*　円
変動販売費数量差異	G製品　－*5,700*　円	H製品　*5,700*　円

解説

G製品　変動売上原価価格差異 *¥19,500*＝(@*¥420*－@*¥395*)×780個
　　　変動売上原価数量差異－*¥25,200*＝(720個－780個)×@*¥420*
　　　変動販売費価格差異 *¥780*＝(@*¥95*－@*¥94*)×780個
　　　変動販売費数量差異－*¥5,700*＝(720個－780個)×@*¥95*

H製品　変動売上原価価格差異－*¥64,800*
　　　＝(@*¥420*－@*¥540*)×540個
　　　変動売上原価数量差異 *¥25,200*＝(600個－540個)×@*¥420*
　　　変動販売費価格差異－*¥2,700*＝(@*¥95*－@*¥100*)×540個
　　　変動販売費数量差異 *¥5,700*＝(600個－540個)×@*¥95*

11－6

① 売上高予算差異

販売数量差異	製品G　*94,500*　円	製品H　－*56,000*　円
販売価格差異	製品G　－*190,500*　円	製品H　*41,000*　円

② 売上原価差異

売上原価数量差異	製品G　－*63,000*　円	製品H　*44,000*　円
売上原価価格差異	製品G　*50,800*　円	製品H　－*65,600*　円

③　売上総利益差異

販売数量差異	製品G　*31,500*　円	製品H　*－12,000*　円
総利益額差異	製品G　*－139,700*　円	製品H　*－24,600*　円

解説

①　売上高予算差異

製品G　販売数量差異 *¥94,500*＝(1,270個－1,200個)×@*¥1,350*

販売価格差異－*¥190,500*＝(@*¥1,200*－@*¥1,350*)×1,270個

製品H　販売数量差異－*¥56,000*＝(820個－900個)×@*¥700*

販売価格差異 *¥41,000*＝(@*¥750*－@*¥700*)×820個

②　売上原価差異

製品G　売上原価数量差異－*¥63,000*＝(1,200個－1,270個)×@*¥900*

売上原価価格差異 *¥50,800*＝(@*¥900*－@*¥860*)×1,270個

製品H　売上原価数量差異 *¥44,000*＝(900個－820個)×@*¥550*

売上原価価格差異－*¥65,600*＝(@*¥550*－@*¥630*)×820個

③　売上総利益差異

製品G　販売数量差異 *¥31,500*＝(@*¥450*×1,270個)－*¥540,000*
@*¥450*×1,200個

総利益額差異－*¥139,700*＝(@*¥340*－@*¥450*)×1,270個

製品H　販売数量差異－*¥12,000*＝(@*¥150*×820個)－*¥135,000*
@*¥150*×900個

総利益額差異－*¥24,600*＝(@*¥120*－@*¥150*)×820個

11－7

問1

販売価格差異	X製品　*420,000*❶ 円	Y製品△*225,000*❸ 円
販売数量差異	X製品△*237,500*❷ 円	Y製品　*405,000*❹ 円

解説

❶　(@*¥600*－@*¥500*)×4,200個
❷　(4,200個－4,675個)×@*¥500*
❸　(@*¥550*－@*¥600*)×4,500個
❹　(4,500個－3,825個)×@*¥600*

問2

売上原価価格差異	X製品　△*84,000*❺ 円	Y製品　*135,000*❼ 円
売上原価販売数量差異	X製品　*118,750*❻ 円	Y製品△*243,000*❽ 円

解説

❺　(*¥1,168,750*÷4,675個－*¥1,134,000*÷4,200個)×4,200個
❻　(4,675個－4,200個)×*¥1,168,750*÷4,675個
❼　(*¥1,377,000*÷3,825個－*¥1,485,000*÷4,500個)×4,500個
❽　(3,825個－4,500個)×*¥1,377,000*÷3,825個

問3

セールスミックス差異	X製品△*292,500*❾ 円	Y製品　*351,000*⓫ 円
総販売量差異	X製品　*55,000*❿ 円	Y製品　*54,000*⓬ 円

解説

❾　(4,200個－8,700個×4,675個÷8,500個)×@*¥500*
❿　(8,700個×4,675個÷8,500個－4,675個)×@*¥500*
⓫　(4,500個－8,700個×3,825個÷8,500個)×@*¥600*
⓬　(8,700個×3,825個÷8,500個－3,825個)×@*¥600*

11－8

問1

販売価格差異	O製品△*495,000*❶ 円	R製品△*132,000*❸ 円
販売数量差異	O製品 *1,100,000*❷ 円	R製品△*480,000*❹ 円

解説

❶　(@*¥950*－@*¥1,000*)×9,900個
❷　(9,900個－8,800個)×@*¥1,000*
❸　(@*¥780*－@*¥800*)×6,600個
❹　(6,600個－7,200個)×@*¥800*

問2

セールスミックス差異	O製品　*825,000*❺ 円	R製品△*660,000*❼ 円
総販売量差異	O製品　*275,000*❻ 円	R製品　*180,000*❽ 円

解説

❺　(9,900個－16,500個×8,800個÷16,000個)×@*¥1,000*
❻　(16,500個×8,800個÷16,000個－8,800個)×@*¥1,000*
❼　(6,600個－16,500個×7,200個÷16,000個)×@*¥800*
❽　(16,500個×7,200個÷16,000個－7,200個)×@*¥800*

問3

変動売上原価価格差異	O製品　*198,000*❾ 円	R製品△*132,000*⓫ 円
変動売上原価販売数量差異	O製品△*660,000*❿ 円	R製品　*240,000*⓬ 円

解説

❾　(@*¥600*－@*¥580*)×9,900個
❿　(8,800個－9,900個)×@*¥600*
⓫　(@*¥400*－@*¥420*)×6,600個
⓬　(7,200個－6,600個)×@*¥400*

問4

変動販売費予算差異	O製品　*99,000*⓭ 円	R製品　*66,000*⓯ 円
変動販売費数量差異	O製品△*110,000*⓮ 円	R製品　*60,000*⓰ 円

解説

⓭　(@*¥100*－@*¥90*)×9,900個
⓮　(8,800個－9,900個)×@*¥100*
⓯　(@*¥100*－@*¥90*)×6,600個
⓰　(7,200個－6,600個)×@*¥100*

第4編　責任会計と業績評価

■第12章　組織構造と責任センター(p.78)

12－1

ア	イ	ウ
コスト・センター	インベストメント・センター	責任会計
エ		
事業部制		

12－2

ア	イ	ウ
レベニュー・センター	プロフィット・センター	職能別
エ		
業績評価		

■第13章　セグメント別業績評価(p.80)

13－1

ア	イ	ウ
セグメント	セグメント・マージン	事業部投下資本利益率
エ		
残余利益		

13－2

ア	イ
資本コスト	貢献利益

13－3

A事業部に配賦される共通固定費	B事業部に配賦される共通固定費
875,000❶ 円	700,000 円
C事業部に配賦される共通固定費	D事業部に配賦される共通固定費
375,000 円	450,000 円

解説

❶ ¥2,400,000×¥3,500,000÷(¥3,500,000+¥2,800,000+¥1,500,000+¥1,800,000)

13－4

事業部投下資本利益率	事業部残余利益
7.5❶ %	2,500,000❷ 円

解説

❶ ¥7,500,000÷¥100,000,000

❷ ¥7,500,000－¥100,000,000×0.05

13－5

問1

	X事業部	Y事業部	Z事業部	合　計
Ⅰ　売上高	(30,000,000)	(37,500,000)	(27,000,000)	(94,500,000)
Ⅱ　変動売上原価	(9,000,000)❶	(15,000,000)	(10,800,000)	(34,800,000)
変動製造マージン	(21,000,000)	(22,500,000)	(16,200,000)	(59,700,000)
Ⅲ　変動販売費	(750,000)❷	(1,500,000)	(1,125,000)	(3,375,000)
貢献利益	(20,250,000)	(21,000,000)	(15,075,000)	(56,325,000)
Ⅳ　個別固定費	(2,025,000)	(3,960,000)	(4,170,000)	(10,155,000)
セグメント・マージン	(18,225,000)	(17,040,000)	(10,905,000)	(46,170,000)
Ⅴ　共通固定費	(1,500,000)❸	(1,500,000)	(900,000)	(3,900,000)
セグメント別営業利益	(16,725,000)	(15,540,000)	(10,005,000)	(42,270,000)

解説

❶ 500個×@¥18,000

❷ 500個×@¥1,500

❸ ¥3,900,000×500個÷(500個+500個+300個)

問2

事業部投下資本利益率	残余利益
30.375❹ %	14,625,000❺ 円

解説

❹ ¥18,225,000÷¥60,000,000×100

❺ ¥18,225,000－¥60,000,000×0.06

第5編　経営意思決定と管理会計

■第14章　経営意思決定の意義とタイプ(p.83)

14－1

ア	イ	ウ
意思決定	代替案	業務的意思決定

エ
構造的意思決定 (戦略的意思決定)

14－2

ア	イ	ウ
問題の明確化	代替案の評価	代替案の選択
エ	オ	カ
業務的意思決定	構造的意思決定	戦略的意思決定
キ	ク	ケ
取替	予算統制	原価目標

(注)エとオは順不同

■第15章　関連原価分析(p.85)

15－1

ア	イ	ウ
埋没原価	差額原価	未来原価
エ	オ	カ
増分原価	付加原価	機会原価

15－2

問1

A　案

問2

¥　1,200,000

15－3

問1

差額収益：¥ 650,000 =
　@¥2,300×3,000個－@¥2,500×2,500個

差額原価：¥ 870,000 =
　(@¥560＋@¥700＋@¥480)×500個

差額利益が(~~プラス~~ ・ マイナス)なので，特別注文を(~~引き受ける~~ ・ 引き受けない)べきである。

問2

自製する場合の原価：¥ 6,050,000
　＝(@¥560＋@¥700＋@¥480)×2,500個＋¥1,700,000

外注する場合の原価：¥ 6,125,000 ＝@¥2,450×2,500個

商談を(~~引き受ける~~ ・ 引き受けない)べきである。

問3

完成品として販売する差額収益：¥ 2,875,000
　＝(@¥2,500－@¥1,350)×2,500個

完成品として販売する差額原価：¥ 2,820,000
　＝{(@¥560＋@¥700＋@¥480)×2,500個＋¥1,700,000}
　　－{(@¥480＋@¥280＋@¥192)×2,500個＋¥850,000}

商談を(引き受ける ・ ~~引き受けない~~)べきである。

15－4

B　案	機会原価　¥249,000

解説

	A案	B案	C案	D案
各代替案の利益	¥245,000	¥278,000	¥147,000	¥249,000

B案以外で最大の利益 ¥249,000 が機会原価になる。

15－5

A案を選択した場合における差額利益の計算表

売　上　高	(¥25,436,000)
製 造 原 価	(¥16,809,000)
機 会 原 価	(¥ 8,609,000)❶
差額利益	(¥　18,000)

したがって，(　A　)案を選択した方が有利である。

解説

❶ ¥24,971,000－¥16,362,000

15－6

(~~自製を続ける~~ ・ 外注に切り替える)べきである。

理由：

	自製	外注
購入単価　@¥74	—	3,700 万円
自製単価　@¥70	3,500 万円	—
(－)固定費低減分	—	250 万円
	3,500 万円	3,450 万円

15－7

特別注文を(引き受ける ・ ~~引き受けない~~)べきである。

理由：

特別注文を引き受けた場合の差額収益
　¥800×1,000個　＝¥800,000

特別注文を引き受けた場合の差額原価
　(@¥180❶＋@¥360❷＋@¥225❸)×1,000個＝¥765,000

差額利益　¥ 35,000

解説

❶ ¥5,400,000÷30,000個

❷ ¥10,800,000÷30,000個

❸ ¥6,750,000÷30,000個

15－8

(~~完成品として販売~~ ・ 半製品のまま販売)するべきである。

理由：

完成品として販売する場合の差額収益
　(@¥1,200－@¥970)×50,000個＝¥11,500,000

完成品として販売する場合の差額原価(追加加工費)
　@¥250×50,000個　＝¥12,500,000

差額利益　－¥ 1,000,000

15－9

自製した方が購入した場合と比べて 320,000 円だけ(有利 ・ ~~不利~~)である。

解説

購入した場合の差額原価
　：¥3,600,000＝@¥1,800×2,000個

自製した場合の差額原価
　：¥3,280,000＝(@¥480＋@¥360＋@¥400×２時間)×2,000個

15−10

問1

機 会 原 価
900,000 ❶ 円

解説

❶ A案はB案と並んで優先順位3番目の代替案なので，最終的には選択されるC案から得られるであろう *¥900,000* が機会原価となる。

問2

最大の利益をもたらす案	機 会 原 価
C 案	*750,000* ❷ 円

解説

❷ C案が優先順位1番目の代替案なので，優先順位2番目となるD案から得られるであろう *¥750,000* が機会原価となる。

15−11

購入した方が［*3,300,000*］円だけ（ ~~有利~~ ・ 不利 ）である。

解説

購入した場合の差額原価

：*¥36,300,000* = @*¥1,070* × 30,000個 + *¥4,200,000*

自製した場合の差額原価

：*¥33,000,000* = (@*¥400* + @*¥700*) × 30,000個

15−12

問1

部 品 乙	製 品 O
2,600 ❶ 円	*3,400* ❷ 円

解説

❶ @*¥4,000* − @*¥1,200* − @*¥200*

❷ @*¥6,000* − @*¥1,200* − @*¥1,000* − @*¥400*

問2

製品Oとして販売した方が［*380,000*］円だけ（ 有利 ・ ~~不利~~ ）である。

解説

部品乙のまま販売した場合の差額利益

：*¥600,000* = @*¥2,600* × 1,000個 − *¥2,000,000*

製品Oとして販売した場合の差額利益

：*¥980,000* = @*¥3,400* × 1,000個 − *¥2,420,000*

または

完成品として販売した場合の差額収益

：*¥2,000,000* = (@*¥6,000* − @*¥4,000*) × 1,000個

完成品として販売した場合の差額原価

：*¥1,620,000* = (@*¥1,000* + @*¥400* − @*¥200*) × 1,000個 + *¥420,000*

差額利益：+ *¥380,000* = *¥2,000,000* − *¥1,620,000*

問3

製品O1個あたりの最低販売価格
5,620 ❸ 円

解説

❸ @*¥6,000* − *¥380,000* ÷ 1,000個

または

(x − @*¥4,000*) × 1,000個 = (@*¥1,000* + @*¥400* − @*¥200*) × 1,000個 + *¥420,000* より算定

15−13

問1

7,000 ❶ 個

解説

❶ 10,000時間 − (1,500個 × 2時間) ÷ 1時間

問2

製品LC	製品M
960 ❷ 円	*1,160* ❸ 円

解説

❷ @*¥1,800* − @*¥800* − @*¥40*

❸ @*¥2,400* − @*¥1,200* − @*¥40*

問3

4,380,000 ❹ 円

解説

❹ @*¥960* × 7,000個 + @*¥1,160* × 1,500個 − *¥3,200,000* − *¥400,000* − *¥480,000*

問4

特別注文1,500個を引き受けた方が，引き受けない場合に比べて，［*780,000*］円だけ（ 有利 ・ ~~不利~~ ）である。

解説

特別注文1,500個を引き受けない場合の差額利益：*¥3,600,000*（［資料］1）

特別注文1,500個を引き受けた場合の差額利益：*¥4,380,000*（問3）

問5

特別注文1,000個を引き受けた方が，引き受けない場合に比べて，［*760,000*］円だけ（ ~~有利~~ ・ 不利 ）である。

解説

さらに特別注文1,000個を引き受けた場合の差額利益

：*¥3,620,000* = @*¥960* × 5,000個 + @*¥1,160* × 2,500個 − *¥3,200,000* − *¥400,000* − *¥480,000*

特別注文1,500だけを引き受けた場合の差額利益：*¥4,380,000*（問3）

15−14

問1

新規注文200個を引き受けた方が，引き受けない場合に比べて，［*380,000*］円だけ（ 有利 ・ ~~不利~~ ）である。

解説

新規注文を引き受けた場合の差額利益

：*¥380,000* = (@*¥12,000* − @*¥10,000* − @*¥100*) × 200個

問2

新規注文200個を引き受けた方が，引き受けない場合に比べて，［*160,000*］円だけ（ ~~有利~~ ・ 不利 ）である。

解説

既存の顧客から @*¥300* の値引き要請を受けてでも新規注文を引き受けた場合の差額利益：△*¥160,000* = *¥380,000* − @*¥300* × 1,800個

■第16章　設備投資の経済性計算(p.94)

16－1

（ A案 ・ ~~B案~~ ）を採択する。

理由：	年間製造原価	減価償却費	支払利息	合　　計
A案	*39,000,000* 円	*5,000,000* 円	*1,000,000* 円	（ *4,500,000*）円
B案	（ *40,000,000*）円	（ *4,800,000*）円❶	（ *1,200,000*）円❷	（ *4,600,000*）円

解説

❶ *¥24,000,000* ÷ 5年
❷ *¥24,000,000* × 0.05

16－2

（ A案 ・ ~~B案~~ ）を採択する。
理由：
A案　設備投資額 *7,000,000* 円 ÷ 毎年のキャッシュ・フロー *2,000,000* 円 = 3.5 年
B案　（ *9,000,000* ）円 ÷（ *1,500,000* ）円 =（ 6.0 ）年

16－3

（ ~~A案~~ ・ B案 ）を採択する。
理由：
A案　増分利益：*2,000,000* 円 －（*7,000,000* 円 ÷ 4 年）－ *250,000* 円
　　　投資利益率：*250,000* 円 ÷ *7,000,000* 円 ≒ 3.6%
B案　（ *1,500,000* ）円 －（ *9,000,000* 円 ÷ 9 年 ）=（ *500,000* ）円
　　　（ *500,000* ）円 ÷（ *9,000,000* ）円 ≒（ 5.6 ）%

16－4

年	キャッシュ・フロー	係　　数	現在価値
1	*¥1,000*	$\frac{1}{(1+0.03)}$	*¥971*
2	*¥1,000*	$\frac{1}{(1+0.03)^2}$	*¥943*
3	*¥1,000*	$\frac{1}{(1+0.03)^3}$	*¥915*
		合　計	*¥2,829*

16－5

年	キャッシュ・フロー	係　　数	現在価値
1	*¥1,000*	0.9709	*¥971*
2	*¥1,000*	0.9426	*¥943*
3	*¥1,000*	0.9151	*¥915*
		合　計	*¥2,829*

16－6

¥1,000 × 2.829 = *¥2,829*
　　　　現在価値　*¥2,829*

16－7

5.3 %

解説

長期借入金の資本コスト	6% ×（1－0.4）× 0.5	=	1.8%
株式の資本コスト	7%　　× 0.5	=	3.5%
	加重平均資本コスト		5.3%

16－8

投資案を（ 採択すべきである ・ ~~採択すべきでない~~ ）。
理由：

毎年のキャッシュ・フロー	年金現価係数	投資額	正味現在価値
¥8,500,000	× 2.723	－ *¥23,000,000*	= *¥145,500*

16－9

5.342 %

解説

5 %　2.723 → *¥145,500*　　5 % + $\frac{¥145{,}500}{¥145{,}500 + ¥279{,}500}$ = 5.342%

6 %　2.673 → － *¥279,500*

16－10

正味現在価値が［ *479* ］万円であり，（ 正 ・ ~~負~~ ）の値を示しているので本投資案を採用（ すべきである ・ ~~すべきでない~~ ）。

解説

(*3,750* 万円 － *2,400* 万円) × 0.9259 + (*3,750* 万円 － *2,400* 万円)
× 0.8573 + (*3,750* 万円 － *2,400* 万円) × 0.7938 － *3,000* 万円
= + *478.95* 万円

16－11

(1)　正味現在価値法

X　*2,000* 千円 × 3.993 － *8,000* 千円 = － *14* 千円
Y　*2,400* 千円 × 3.993 － *10,000* 千円 = － *416.8* 千円
Z　*2,700* 千円 × 4.623 － *12,000* 千円 = *482.1* 千円
　　よって　Z

(2)　回収期間法

X　*8,000* 千円 ÷ *2,000* 千円 = 4 年
Y　*10,000* 千円 ÷ *2,400* 千円 ≒ 4.17 年
Z　*12,000* 千円 ÷ *2,700* 千円 ≒ 4.44 年
　　よって　X

(3)　会計的投資利益率法

X　$\dfrac{2,000千円-1,600千円❶}{8,000千円}=5\%$

Y　$\dfrac{2,400千円-2,000千円❷}{10,000千円}=4\%$

Z　$\dfrac{2,700千円-2,000千円❸}{12,000千円}\fallingdotseq 5.83\%$

よって　Z

解説

❶ *8,000*千円÷5年
❷ *10,000*千円÷5年
❸ *12,000*千円÷6年

16－12

問1

会計的投資利益率	5.3❶ %

解説

❶ (*¥7,600,000*＋*¥8,400,000*＋*¥9,600,000*＋*¥11,000,000*＋*¥9,000,000*－*¥3,200,000*－*¥3,600,000*－*¥4,000,000*－*¥5,600,000*－*¥4,400,000*－*¥17,200,000*)÷5年×(1－0.4)÷*¥17,200,000*×100

問2

設備投資によって増加する税引後キャッシュ・フロー＝
(会計上の)税引後当期純利益＋(減価償却費)

問3

第1年度の税引後キャッシュ・フロー	今後5年間の税引後キャッシュ・フロー合計
*4,016,000*❷ 円	*21,760,000*❸ 円

解説

❷ (*¥7,600,000*－*¥3,200,000*－*¥17,200,000*÷5年)×(1－0.4)＋*¥17,200,000*÷5年
❸ 第1年度：*¥4,016,000*
第2年度：*¥4,256,000*＝(*¥8,400,000*－*¥3,600,000*－*¥17,200,000*÷5年)×(1－0.4)＋*¥17,200,000*÷5年
第3年度：*¥4,736,000*＝(*¥9,600,000*－*¥4,000,000*－*¥17,200,000*÷5年)×(1－0.4)＋*¥17,200,000*÷5年
第4年度：*¥4,616,000*＝(*¥11,000,000*－*¥5,600,000*－*¥17,200,000*÷5年)×(1－0.4)＋*¥17,200,000*÷5年
第5年度：*¥4,136,000*＝(*¥9,000,000*－*¥4,400,000*－*¥17,200,000*÷5年)×(1－0.4)＋*¥17,200,000*÷5年

問4

回収期間	3 年　11 カ月

解説

第1年度：*¥17,200,000*－*¥4,016,000*＝残り *¥13,184,000*
第2年度：*¥13,184,000*－*¥4,256,000*＝残り *¥8,928,000*
第3年度：*¥8,928,000*－*¥4,736,000*＝残り *¥4,192,000*
➡ 残り *¥4,192,000* より第4年度の税引後キャッシュ・フロー *¥4,616,000* の方が大きい
¥4,192,000÷*¥4,616,000*×12か月≒ *10.8977*…

問5

正味現在価値が[*134.242*]円となり，(正・~~負~~)の値を示しているので本投資案を採用(すべきである・~~すべきでない~~)。

解説

¥4,016,000×0.9259＋*¥4,256,000*×0.8573＋*¥4,736,000*×0.7938＋*¥4,616,000*×0.7350＋*¥4,136,000*×0.6806－*¥17,200,000*
＝*¥134,241.6*

16－13

問1

x1年度期首	x1年度末	x2年度末	x3年度末
0 万円	*6,680*❶ 万円	*6,680* 万円	*8,680*❷ 万円

解説

❶ (*16,000*万円－*8,000*万円)×(1－0.3)＋(*20,000*万円－*2,000*万円)÷5年×0.3
❷ *6,680*万円＋*2,000*万円

問2

機械Sの正味現在価値	*18,802*❸ 万円

解説

❸ *6,680*万円×0.9259＋*6,680*万円×0.8573＋*8,680*万円×0.7938
＝*18,801.96*万円

問3

x1年度期首	x1年度末	x2年度末	x3年度末
△*11,200*❹万円	*10,560*❺ 万円	*10,560* 万円	*12,960*❻ 万円

解説

❹ *12,800*万円－*24,000*万円
❺ (*16,000*万円－*4,000*万円)×(1－0.3)＋(*24,000*万円－*2,400*万円)÷3年×0.3
❻ *10,560*万円＋*2,400*万円

問4

取替案の正味現在価値は[*17,918*❼]万円となり，現状維持案の正味現在価値より[*884*❽]万円(~~大きい~~・小さい)ため，機械Sに取り替える(~~べきである~~・べきでない)。

解説

❼ *10,560* 万円×0.9259＋*10,560* 万円×0.8573＋*12,960* 万円×0.7938－*11,200* 万円＝*17,918.24* 万円

❽ *17,918* 万円－*18,802* 万円

16－14

問１

x１年度末	x２年度末	x３年度末
*18,750,000*❶ 円	*21,600,000*❷ 円	*19,950,000*❸ 円

解説

❶ (*¥34,600,000*－*¥15,600,000*－*¥54,000,000*÷３年)×(１－0.25)＋*¥54,000,000*÷３年

または

(*¥34,600,000*－*¥15,600,000*)×(１－0.25)＋*¥54,000,000*÷３年×0.25

❷ (*¥41,800,000*－*¥19,000,000*)×(１－0.25)＋*¥54,000,000*÷３年×0.25

❸ (*¥38,400,000*－*¥17,800,000*)×(１－0.25)＋*¥54,000,000*÷３年×0.25

問２

会計的投資利益率	3.9❹ ％

解説

❹ (*¥34,600,000*＋*¥41,800,000*＋*¥38,400,000*－*¥15,600,000*－*¥19,000,000*－*¥17,800,000*－*¥54,000,000*)÷３年×(１－0.25)÷*¥54,000,000*×100 ≒ 3.8888…

問３

回収期間	２ 年　８ カ月

解説

¥54,000,000÷{(*¥18,750,000*＋*¥21,600,000*＋*¥19,950,000*)÷３年}≒ 2.6865…

(2.6865－2)×12 カ月≒ 8.238 カ月

問４

正味現在価値が［*1,735,035*］円となり，(正 ・ ~~負~~)の値を示しているので本投資案を採用(すべきである ・ ~~すべきでない~~)。

解説

¥18,750,000×0.9615＋*¥21,600,000*×0.9246＋*¥19,950,000*×0.8890－*¥54,000,000*

問５

内 部 利 益 率	5.7 ％

解説

内部利益率を補間法で求める場合，正味現在価値がゼロとなる利益率，つまり年々のキャッシュ・フローの現在価値が投資額と等しくなる割引率を試行錯誤して探す必要がある。本問においては，５％で算出した正味現在価値は *681,500* 円，６％で算出した場合は△*337,230* 円となることから，５％～６％の間に内部利益率が存在することがわかる。そこで，資料にある現価係数を用いて，下記のように内部利益率を補間法で求める。

$$\text{内部利益率} = 5\% + \left(1\% \times \frac{¥681,510^{※1}}{(¥54,681,510^{※2} - ¥53,662,770^{※3})}\right)$$

※１　*¥18,750,000*×0.9524＋*¥21,600,000*×0.9070＋*¥19,950,000*×0.8638－*¥54,000,000*

※２　*¥18,750,000*×0.9524＋*¥21,600,000*×0.9070＋*¥19,950,000*×0.8638

※３　*¥18,750,000*×0.9434＋*¥21,600,000*×0.8900＋*¥19,950,000*×0.8396

16－15

問１

既存設備	*720*❶ 万円	新 設 備	*1,080*❷ 万円

解説

❶ (*3,600* 万円＋*400* 万円－*400* 万円)÷５年

❷ (*3,300* 万円＋*300* 万円－*360* 万円)÷３年

問２

年々の差額キャッシュ・フロー	設備売却にかかる差額キャッシュ・フロー
*1,380*❸ 万円	*360* 万円

解説

❸ {(@*0.6* 万円×12,000個－@*0.36* 万円×7,000個－@*0.4* 万円×5,000個)×(１－0.25)＋(*720* 万円＋*1,080* 万円)×0.25}－{(@*0.6* 万円－@*0.4* 万円)×6,000個×(１－0.25)＋*720* 万円×0.25}

問３

正味現在価値が［*242.028*］万円であるため，新設備を導入すべきで(ある ・ ~~ない~~)。

解説

1,380 万円×0.9259＋*1,380* 万円×0.8573＋(*1,380* 万円＋*360* 万円)×0.7938－*3,600* 万円

第6編　コスト・マネジメント

■第17章　戦略的コスト・マネジメントの意義と手法（p.104）

17－1

ア	イ
原価管理（コスト・マネジメント）	標準原価計算
ウ	エ
原価	戦略的コスト・マネジメント（戦略的原価計算）
オ	
目標原価計算	

■第18章　目標原価計算（p.105）

18－1

ア	イ	ウ
目標利益	許容原価	原価維持
エ	オ	
原価改善	加工組型産業	

18－2

問1

許容原価	1,200❶ 円

解説

❶ ¥2,000－¥800

問2

見積原価	1,600 円

問3

改善される原価	200❷ 円

解説

❷ （¥1,200＋¥1,600）÷２－¥1,200（または¥1,600）

■第19章　活動基準原価計算（p.107）

19－1

ア	イ	ウ
活動	コストドライバー	資源ドライバー
エ		
活動ドライバー		

19－2

問1

甲製品	乙製品
1,600❶ 円/個	1,000❷ 円/個

解説

❶ ¥100,000×400時間÷500時間÷50個

❷ ¥100,000×100時間÷500時間÷20個

問2

甲製品	乙製品
1,020❸ 円/個	2,450❹ 円/個

解説

❸ （¥52,000×300時間÷400時間＋¥48,000×６回÷24回）÷50個

❹ （¥52,000×100時間÷400時間＋¥48,000×18回÷24回）÷20個

問3

操業度に関連づけて製造間接費を配賦すると，大量生産品の原価は（ 過大 ・ ~~過少~~ ）に評価され，少量生産品の原価は（ ~~過大~~ ・ 過少 ）に評価される傾向がある。

19－3

問1

段取り	マテハン
8,000❶ 円/件	3,000❷ 円/回
品質管理	設備保全・維持
3,500❸ 円/回	1,200❹ 円/時間

解説

❶ ¥7,200,000÷900件

❷ ¥4,800,000÷1,600回

❸ ¥3,360,000÷960回

❹ ¥18,000,000÷15,000時間

問2

（単位：円）

	製造間接費配賦額	製造間接費実際発生額	配賦差額
段取り	560,000❺	578,000	18,000（ 不足 ）
マテハン	390,000❻	388,000	2,000（ 超過 ）
品質管理	262,500❼	263,500	1,000（ 不足 ）
設備保全・維持	1,440,000❽	1,480,000	40,000（ 不足 ）

解説

❺ @¥8,000×70件

❻ @¥3,000×130回

❼ @¥3,500×75回

❽ @¥1,200×1,200時間

19－4

問1

コストプール別コストドライバー

コストプール	年間予算額（千円）	コストドライバー年間予定水準	コストドライバー・レート
段取作業費	*15,600*	7,800時間	*2*(千円)／時間
設備保全費	*14,400*	3,600時間	*4*(千円)／時間
工程管理費	*96,000*	12,000時間	*8*(千円)／時間
材料受入検査費	*6,840*	456 件	*15*(千円)／件
出荷検査費	*2,880*	960時間	*3*(千円)／時間
包装・出荷作業費	*15,000*	6,000 回	*2.5*(千円)／回
	150,720		

ＡＢＣにもとづく原価計算表 （単位：千円）

	製品Ｘ	製品Ｙ	製品Ｚ	合　計
直接材料費	*1,800*	*3,500*	*2,000*	*7,300*
直接労務費	*312*	*624*	*312*	*1,248*
製造間接費				
段取作業費	*340*	*660*	*360*	*1,360*
設備保全費	*360*	*600*	*320*	*1,280*
工程管理費	*2,080*	*4,160*	*2,080*	*8,320*
材料受入検査費	*150*	*240*	*120*	*510*
出荷検査費	*78*	*120*	*66*	*264*
包装・出荷作業費	*300*	*600*	*325*	*1,225*
合　計	*5,420*	*10,504*	*5,583*	*21,507*
単位原価	*5.42*	*5.252*	*5.583*	

問２　製造間接費配賦差額の計算 （単位：千円）

コストプール	製造間接費配賦額	製造間接費実際発生額	配賦差額
段取作業費	*1,360*	*1,398*	*38*(不足)
設備保全費	*1,280*	*1,230*	*50*(超過)
工程管理費	*8,320*	*8,175*	*145*(超過)
材料受入検査費	*510*	*600*	*90*(不足)
出荷検査費	*264*	*249*	*15*(超過)
包装・出荷作業費	*1,225*	*1,320*	*95*(不足)
	12,959	*12,972*	*13*(不足)

19－5

問1

製品Ｘの段取作業費配賦額	*450,000* 円

解説

¥30,000,000÷2,000 件×30 件

問2

製品Ｙの製造間接費配賦額	*6,820,000* 円

解説

¥30,000,000÷2,000 件×90 件＋*¥5,400,000*÷1,800 回×280 回＋*¥8,400,000*÷1,400 回×60 回＋*¥21,000,000*÷70,000時間×8,400時間＋*¥8,500,000*÷34,000時間×7,000時間

問3

製品Ｚの製品単位原価	*21,200* 円/個

解説

(*¥4,800,000*＋@*¥900*×5,600時間＋*¥30,000,000*÷2,000 件×60 件＋*¥5,400,000*÷1,800 回×140 回＋*¥8,400,000*÷1,400 回×40 回＋*¥21,000,000*÷70,000時間×5,600時間＋*¥8,500,000*÷34,000時間×2,800時間)÷650個

19－6

問1

製品甲の製造間接費配賦額	*28,040,000* 円

解説

¥22,500,000÷90 回×６回＋*¥540,000,000*÷180,000時間×4,500時間＋*¥30,000,000*÷300 回×16 回＋*¥214,500,000*÷75 回×４回

問2

製品乙の製品単位原価	*19,650* 円/個

解説

(*¥9,000,000*＋@*¥1,800*×10,800時間＋*¥22,500,000*÷90 回×４回＋*¥540,000,000*÷180,000時間×3,600時間＋*¥30,000,000*÷300 回×12 回＋*¥214,500,000*÷75 回×２回)÷2,400個

問3

配賦差額がもっとも大きい費目	機械関連 費	*100,000*円（ 超過 ）

解説

段取作業費：*¥2,500,000*＝*¥22,500,000*÷90 回×10 回

➡ *¥50,000*(不足)

機械関連費：*¥24,300,000*＝*¥540,000,000*÷180,000時間×8,100時間
➡ *¥100,000*（超過）
購買関連費：*¥2,800,000*＝*¥30,000,000*÷300回×28回
➡ *¥10,000*（超過）
梱　包　費：*¥17,160,000*＝*¥214,500,000*÷75回×6回
➡ *¥40,000*（不足）

19－7
問1

発注活動の製品Sへの予定配賦額	*3,360* 千円

解説
64,000 千円÷8,000件×420件
問2

受入検収活動への実際配賦額	*2,452* 千円

解説
8,320 千円×340時間÷（720時間＋340時間＋240時間）＋*800* 千円×12時間÷（80時間＋12時間＋8時間）＋*630* 千円×4台÷（8台＋4台＋2台）
問3

検査活動の配賦差額	*20* 千円（超過）

解説
検査活動の予定配賦額：*1,710* 千円＝*21,600*千円÷4,800回×（240回＋140回）
検査活動の実際配賦額：*1,690* 千円＝*8,320* 千円×240時間÷（720時間＋340時間＋240時間）＋*800* 千円×8時間÷（80時間＋12時間＋8時間）＋*630* 千円×2台÷（8台＋4台＋2台）

■第20章　品質原価計算(p.115)

20－1

ア	イ	ウ
予防原価	評価原価	内部失敗原価
エ		
外部失敗原価		

20－2

ア	イ	ウ
予防	外部失敗	品質原価報告書
エ		
トレンドチャート		

20－3

品質原価報告書

		（単位：千円）	対売上高比
売上高		（*420,000*）	
予防原価			
品質教育訓練費	（*1,440*）		
品質管理運営費	（*3,600*）	（*5,040*）	（1.2）%
評価原価			
工程検査費	（*1,560*）		
材料受入検査費	（*960*）	（*2,520*）	（0.6）%
予防原価・評価原価合計		（*7,560*）	（1.8）%
内部失敗原価			
仕損費	（*2,640*）		
製品手直費	（*300*）	（*2,940*）	（0.7）%
外部失敗原価			
アフターサービス費	（*1,180*）		
クレーム対応費	（*920*）	（*2,100*）	（0.5）%
失敗原価合計		（*5,040*）	（1.2）%

20－4

予防原価	評価原価
イ，キ	ア，オ
内部失敗原価	外部失敗原価
エ，カ	ウ，ク

20－5

品質原価報告書

		（単位：円）	対売上高比
売上高		*10,000,000*	
予防原価			
（工程管理費）	*147,000*		
（品質教育訓練費）	*83,000*	*230,000*	2.3%
評価原価			
（材料受入検査費）	*101,000*		
（製品検査費）	*62,000*		
（品質監査費）	*47,000*	*210,000*	2.1%
予防原価・評価原価合計		*440,000*	4.4%
内部失敗原価			
（仕損費）	*79,000*		
（再加工費）	*51,000*	*130,000*	1.3%
外部失敗原価　　）			
（アフターサービス費）	*56,000*		
（製品回収費）	*24,000*	*80,000*	0.8%
失敗原価合計		*210,000*	2.1%

20－6

(1) 評価原価	(2) 内部失敗原価
*336,000*❶ 円	*238,000*❷ 円

解説
❶ *¥50,000*＋*¥46,000*＋*¥150,000*＋*¥90,000*
❷ *¥30,000*＋*¥170,000*＋*¥38,000*

20－7

(1) 20x1年度の予防原価	(2) 20x2年度の評価原価
*34,240*❶ 千円	*4,740* 千円
(3) 20x3年度の内部失敗原価	(4) 20x3年度の外部失敗原価の対売上高比率
*9,300*❷ 千円	1.2❸ %

解説

❶ 8,640千円＋13,600千円＋4,320千円＋7,680千円
❷ 3,520千円＋5,780千円
❸ (4,596千円＋1,884千円)÷540,000千円

20－8

問1

品質原価報告書

	品質コスト	(単位：千円)	対売上高比
売上高		680,000	
予防原価			
品質教育訓練費	4,600		
品質管理運営費	10,670	15,270	2.25 %
評価原価			
(製品検査費)	[3,010]		
材料受入検査費	2,010	[5,020]	[0.74] %
内部失敗原価			
仕損費	7,740		
(補修作業費)	[780]	[8,520]	[1.25] %
外部失敗原価			
(アフターサービス費)	[4,690]		
製品回収費	2,000	[6,690]	[0.98] %
総品質原価		35,500	5.22 %

問2

ア	イ	ウ
内部失敗	外部失敗	予防
エ		
評価		

■第21章　ライフサイクル・コスティング(p.122)

21－1

ア	イ
事前コスト(イニシャル・コスト)	事後コスト(ランニング・コスト)
ウ	エ
設備資産	製品
オ	カ
地球環境問題	リサイクル・コスト

(注)アとイは順不同

21－2

¥24,000,000＋(¥700,000＋¥1,000,000)×[6.463]－¥3,800,000×0.6768＝機種Xのライフサイクル・コスト¥[32,415,260]

¥[22,000,000]＋(¥[800,000]＋¥[900,000])×[5.786]－¥[1,500,000]×0.7107＝機種Yのライフサイクル・コスト¥[30,770,150]

よって，[機種Y]が最適である。

21－3

ア	イ
ライフサイクル・コスティング	事前コスト(イニシャル・コスト)
ウ	エ
事後コスト(ランニング・コスト)	トレードオフ

21－4

	A 社	B 社	(単位：千円)
事前コスト	17,700	20,200	
事後コスト	22,305❶	16,222❷	
ライフサイクル・コスト	40,005	36,422	

よって，　B　社の機械を購入する。

解説

❶ (¥2,250＋¥250＋¥300＋¥200)×7.435

❷ (¥1,600＋¥100＋¥150＋¥150)×8.111

21－5

(単位：千円)

	O 社	S 社	M 社
事前コスト	(27,300)	(24,450)	(23,700)
事後コスト	(18,688.65)❶	(24,376.5)❷	(28,980.95)❸
ライフサイクル・コスト	(45,988.65)	(48,826.5)	(52,680.95)

よって，O 社の機械が最適である。

解説

❶ (2,595 千円＋330 千円＋300 千円＋225 千円)×5.417

❷ (3,225 千円＋420 千円＋525 千円＋330 千円)×5.417

❸ (3,480 千円＋495 千円＋810 千円＋565 千円)×5.417

21－6

問1

K社の事前コスト	56,200 千円

解説

50,600 千円＋5,600 千円

問2

J社の事後コスト	57,860 千円

解説

(5,800 千円＋1,400 千円＋1,500 千円＋1,300 千円)×5.786

問3

K 社	J 社
102,488❶ 千円	104,460❷ 千円

よって，K 社の機械を購入すべきである。

解説

❶ 56,200 千円＋(4,900 千円＋900 千円＋1,200 千円＋1,000 千円)×5.786

❷ 41,000 千円＋5,600 千円＋57,860 千円

●学習振り返りシート

項　目	発展問題参考 (全商管理会計試験準拠)	学習日	復習日	チェック
■第１編　管理会計と経営管理				
第１章　管理会計の意義と目的		月　日	月　日	□
第２章　管理会計と原価計算		月　日	月　日	□
第３章　標準原価計算		月　日	月　日	□
第４章　直接原価計算	第8回，第12回	月　日	月　日	□
第５章　直接標準原価計算	第7回，第13回	月　日	月　日	□
■第２編　短期利益計画				
第６章　短期利益計画と原価予測	第9回	月　日	月　日	□
第７章　CVP分析と損益分岐点	第7回，第11回	月　日	月　日	□
第８章　感度分析		月　日	月　日	□
第９章　最適セールス・ミックスの決定	第8回	月　日	月　日	□
■第３編　企業予算				
第10章　企業予算の編成	第10回，第12回	月　日	月　日	□
第11章　予算統制	第10回，第12回	月　日	月　日	□
■第４編　責任会計と業績評価				
第12章　組織構造と責任センター		月　日	月　日	□
第13章　セグメント別業績評価		月　日	月　日	□
■第５編　経営意思決定と管理会計				
第14章　経営意思決定の意義とタイプ		月　日	月　日	□
第15章　関連原価分析	第9回，第10回，第12回	月　日	月　日	□
第16章　設備投資の経済性計算	第8回，第11回	月　日	月　日	□
■第６編　コスト・マネジメント				
第17章　戦略的コスト・マネジメントの意義と手法		月　日	月　日	□
第18章　目標原価計算		月　日	月　日	□
第19章　活動基準原価計算	第11回，第13回	月　日	月　日	□
第20章　品質原価計算	第8回，第12回	月　日	月　日	□
第21章　ライフサイクル・コスティング	第9回，第12回	月　日	月　日	□

●執　筆——中村学園大学流通科学部講師
土井　貴之

〔(商業746) 管理会計〕準拠
管理会計準拠問題集

本文基本デザイン——松利江子
表紙デザイン——松利江子

●編　者——実教出版編修部
●発行者——小田　良次
●印刷所——株式会社加藤文明社

●発行所——実教出版株式会社
〒102-8377
東京都千代田区五番町5
電話〈営業〉(03) 3238-7777
〈編修〉(03) 3238-7332
〈総務〉(03) 3238-7700
https://www.jikkyo.co.jp/

002402024　　ISBN978-4-407-36270-1